北京服装学院青年创新基金项目"碳排放约束下服装产业升级机理与路径研究"（项目编号2014AL-27）研究成果之一

服装产业经济学丛书

服装企业组织碳足迹评价研究

◎ 卢 安 郭 燕 郝淑丽 / 编著

人民出版社

策划编辑:郑海燕
封面设计:徐　晖
责任校对:吕　飞

图书在版编目(CIP)数据

服装企业组织碳足迹评价研究/卢安,郭燕,郝淑丽 编著. —北京:
　人民出版社,2016.9
（服装产业经济学丛书）
ISBN 978－7－01－016689－6

Ⅰ.①服…　Ⅱ.①卢…②郭…③郝…　Ⅲ.①服装企业-工业企业管理-
研究-中国　Ⅳ.①F426.86

中国版本图书馆 CIP 数据核字(2016)第 219064 号

服装企业组织碳足迹评价研究
FUZHUANG QIYE ZUZHI TANZUJI PINGJIA YANJIU

卢　安　郭　燕　郝淑丽 编著

人民出版社 出版发行
(100706　北京市东城区隆福寺街99号)

环球东方(北京)印务有限公司印刷　新华书店经销

2016 年 9 月第 1 版　2016 年 9 月北京第 1 次印刷
开本:710 毫米×1000 毫米 1/16　印张:12
字数:140 千字

ISBN 978－7－01－016689－6　定价:36.00 元

邮购地址 100706　北京市东城区隆福寺街 99 号
人民东方图书销售中心　电话 (010)65250042　65289539

目　　录

前　言

　　1992 年联合国环境与发展大会通过了《联合国气候变化框架公约》(United Nations Framework Convention on Climate Change，UNFCCC，简称《框架公约》)，确定了稳定大气中温室气体含量的长期目标，以及应对气候变化的重要原则。1997 年日本京都联合国气候大会通过了《京都议定书》(Kyoto Protocol)作为 UNFCCC 框架下具有法律约束力的文件。2007 年印尼联合国气候变化大会通过了《巴厘岛路线图》，就应对气候变化达成新协议。此后，部分世界 500 强公司开始就应对气候变化制定可持续发展战略。2009 年中国在哥本哈根大会上提出了碳强度自愿减排目标，"到 2020 年单位国内生产总值二氧化碳排放比 2005 年下降 40% 至 45%"，并在 2015 年 9 月 26 日的《中美元首气候变化联合声明》中，承诺"中国计划 2030 年左右二氧化碳排放达到峰值且努力早日达峰，计划于 2017 年启动全国碳排放交易体系"。

　　2015 年 12 月 12 日，《联合国气候变化框架公约》近 200 个缔约方在巴黎气候变化大会上一致同意通过《巴黎协定》。2016 年 4 月 22 日，100 多个国家签署全球性的气候新协议《巴黎协定》。《巴黎协定》指出，各方将加强对气候变化威胁的全球应对，把全球平均气温较工业化前水平升高控制在 2 摄氏度之内，并为把升温控制在 1.5 摄氏度之内而努力，全球将尽快实现温室气体排放达峰，21 世纪下半叶实现温室气体零排放。根据协定，各国将以"自主贡献"的方式参与全球应对气候变化行动。发达国家将继续带头减排,并加强对发展中国家的资金、技术和能力建设支持,帮助后者减缓和适应气候变化。

在当前全球低碳经济发展趋势下,温室气体的减排也成为目前国际环境相互关注的核心议题。我国已将节能减排、转变经济增长方式和促进产业可持续发展作为重要的国家战略任务。纺织服装业如何应对全球贸易环境的挑战,加强技术创新,促进产业低碳转型与可持续发展成为重中之重。

近年来,随着国际相关组织和发达国家的大力推行,碳足迹开始在工业节能减排、产品生态标识和国际碳交易等领域广泛应用。碳足迹揭示了工业生产、终端消费领域人类活动对于全球气候变化的影响,其量化方法主要采用碳足迹评价的方法。目前碳足迹评价标准主要应用于企业和产品碳足迹评价,如 GHG Protocol、ISO 14064、ISO 14067、PAS 2050、TSQ 0010 等。

企业或组织的碳足迹评价通常又被称为碳盘查,是指在定义的空间和时间边界内进行碳足迹量化的过程。碳盘查的结果可以是只关注于温室气体排放源和信息的碳排放清单,也可以是一份完整的碳盘查报告用以公开碳排放状况。国际碳盘查采用的标准主要有三个:温室气体核算标准(GHG Protocol)ISO 14064 系列标准及 PAS 2050 标准。目前国内外使用最广泛的组织碳盘查标准是世界资源研究所和世界可持续发展工商理事会发布的《温室气体议定书企业准则》(GHG Protocol)和 ISO 14064 系列标准。在我国,ISO 14064 系列标准应用较为广泛。

本书主要以纺织服装行业知名国际品牌为案例,从企业组织碳足迹评价的视角,系统阐述了组织碳足迹的基本理论、国际评价标准和全球的发展状况,并综合描述了代表性的纺织服装企业组织碳足迹的评价现状。从调研的情况看,国际知名服装企业在组织碳足迹的评价方面做得很规范而且较为成熟,碳足迹评价及碳信息披露较完备。而国内的纺织服装企业在组织碳足迹的评价方面却非常缺乏。

《服装企业组织碳足迹评价研究》一书,其内容具有较高的指导作用和参考价值,对企业组织碳足迹评价进行了系统描述,将为我国纺织服装行业的可持续发展和企业组织碳足迹评价提供科学的指导和依据,也将为我国相关部门和纺织服装行业协会、大专院校的学者展开相关研究提供翔实的信息。

全书由卢安负责统筹编写,共七章。相关章节负责人分别为第一章:卢安;第二章:郝淑丽;第三章:郝淑丽;第四章:杨楠楠、郭燕、陈丽华;第五章:卢安、王洁;第六章:索珊、卢安、马月华;第七章:索珊。全书的后期格式和图片编辑由李佳禹和姜黎完成,特此感谢。

本书由北京服装学院"废旧纺织品回收再利用研究"团队完成。本团队组建于 2010 年,主要从事与循环经济、低碳经济、纺织品服装碳足迹及废旧纺织品回收等问题的研究。近年来的研究成果得到了国家发改委环资司、中国纺织工业联合会环资委、国内纺织服装院校学者的高度关注。团队成员先后发表论文近 50 篇,出版相关著作 3 部。团队研究成果已经得到政府、社会和纺织服装行业协会的高度肯定。

本书的出版获得了北京服装学院青年创新基金项目"碳排放约束下服装产业升级机理与路径研究"(项目编号 2014AL-27)的资助。该书是北京服装学院青年创新基金项目"碳排放约束下服装产业升级机理与路径研究"的研究成果之一,也是北京服装学院"废旧纺织品回收再利用研究"团队的系列研究成果之一。全书在写作过程中得到了人民出版社的大力协助,在此特别感谢郑海燕主任的大力支持。也在此特别感谢中国纺织工业联合会环资委徐寰在写作过程中的大力协助。笔者查阅和参考了大量的图书、报刊资料和企业信息,并根据需要加以引用,在此特此说明,并致以诚挚感谢。本书内容如有不妥之处,敬请各位读者批评指正。

卢 安

2016 年 6 月于北京

第一章 低碳经济理论综述

全球气候变暖和频繁出现的极端恶劣天气已经引起了世界各国和公众的普遍关注。低碳经济已经成为世界各国产业经济发展的主趋势和各国产业政策的走向和产业规划的重点。碳足迹作为碳减排的一个可量化参数,其分析与评价为近年来学术领域的研究热点和关注重点。同时,随着相关国际组织和一些发达国家的大力推行,碳足迹已逐步在产品生态标签等方面应用推广。碳足迹的一般理论研究,主要包括:生态经济学相关理论研究、可持续发展理论研究、循环经济学相关理论研究、绿色经济相关理论研究、低碳经济相关理论研究等,上述理论对碳足迹评估标准制定和碳标签应用方面有着重要的指导作用。

第一节 低碳经济、循环经济与可持续发展

一、低碳经济

随着全球变暖成为世界关注的焦点,发展低碳经济成为世界各国的浪潮,尤其是 2009 年召开的哥本哈根气候大会更是将未来国际竞争带入低碳经济的竞争。低碳经济理论是在环境经济学理论发展的基础上形成的,是环境经济学理论的成果。随着低碳经济潮流的兴起,研究成果不断创新,促使低碳理论不断发展和完善。那么低碳经济(Low Carbon Economy)到底是什么,怎么实施低碳经济? 这是

目前世界各国亟待解决的理论与实践难点。"低碳经济"作为专业性的术语最早出现在 20 世纪 90 年代,直到 2003 年在英国首相布莱尔发表的《我们未来的能源——创建低碳经济》的白皮书中才以官方形式出现。书中指出低碳经济就是指通过更少的自然资源消耗和更少的环境污染,获得更多的经济产出,并明确表示英国将在 2050 年将其温室气体排放量在 1990 年水平上减排 60%,从根本上把英国变成一个低碳经济的国家[①]。目前国际上较为认可的低碳经济包含四个关键要素,即发展阶段、资源禀赋、技术水平、消费模式,其概念模型可以表示为:

$$LCE = f(E, R, T, C)$$

其中,LCE 是低碳经济(Low Carbon Economy)的缩写,E(Economic)是指经济发展阶段,主要考虑的是产业结构、人均收入等方面;R(Resource)是指资源禀赋,主要考虑的是传统能源如煤炭、石油等化石能源以及新能源如太阳能、风能等可再生能源等,而且也包括人力资源;T(Technology)是指技术水平,低碳经济下,能源利用率以及低碳技术是发达国家的制胜点,利用先进的低碳技术,可以实现超越式的发展;C(Consumption)是指消费的模式,主要考虑不同的消费习惯对碳排放的影响。

目前国内外主要围绕低碳经济的概念与内涵、碳排放与经济发展之间的关系、碳排放交易机制与方法、低碳经济发展路径以及措施等方面进行了研究。随着研究的进展,国内外学者分别从不同的角度对低碳经济的含义进行了表述。国外学者相对认可的低碳经济的概念是由鲁本斯(Rubens)提出的:"低碳经济是在政府和市场的双重作用下,使低碳技术不断进步,创造低能耗、低排放并且高产出的

---

① UK Energy White Paper,"Our Energy Future–Creating a Low Carbon Economy", Feb.2003, http// www.berr.gov.uk/files/file10719.

一种新兴的经济发展方式。"[1]国内普遍采用的概念是"低碳经济的实质是提高能源利用率,同时注重创新能源结构,核心是实现技术的创新和制度的创新,以低能耗、低排放、低污染为基础的一种经济模式"[2]。与此同时和低碳经济相关的一些新术语也应运而生,例如"碳足迹""碳交易""碳中和""碳汇""碳税"等,它们从不同角度对低碳经济的内涵进行阐述。国内阐释低碳经济的含义比较有代表性的有邢继俊、赵刚等,他们认为低碳经济的主要目的是通过技术创新,不断提高新能源的开发技术使能源利用有效提高实现碳减排,从而实现经济的可持续发展[3]。庄贵阳认为低碳经济是以"立体式"为经济发展方式,采取技术体系是源头控制、目标控制和过程控制,该体系由技术、制度和公众组合而成,这种体系对低碳经济的发展具有重要作用[4]。辛章平等认为低碳经济是一次经济发展的新变革,它将全方位地改造建立在化石燃料(能源)基础之上的现代工业文明转向生态经济和生态文明[5]。国内学者还有从另外角度对低碳经济进行阐述,如金涌等从全球碳库和碳循环角度出发,对低碳经济进行诠释[6]。吴晓青、冯之浚等、雷明等分别从概念比较的角度、经济形态角度、政府环境规制的角度定义低碳经济[7]。从以上内容可以看出,目前社会各界对低碳经济的概念还没有形成一个共识。而综上

---

[1]　卞相珊:《从国际气候谈判看中国低碳经济转型》,《政法论丛》2011 年第 3 期,第 19—25 页。

[2]　潘家华:《低碳发展的社会经济与技术分析》,中国环境科学出版社 2008 年版,第 5—7 页。

[3]　邢继俊、赵刚:《中国大力发展低碳经济》,《中国科技论坛》2007 年第 10 期。

[4]　庄贵阳:《中国:以低碳经济应对气候变化挑战》,《环境经济》2007 年第 1 期。

[5]　辛章平、张银太:《低碳经济与低碳城市》,《城市发展研究》2008 年第 4 期。

[6]　金涌、魏飞:《循环经济与生态工业工程》,《西安交通大学学报(社会科版)》2003 年第 4 期。

[7]　雷明、虞晓雯:《地方财政支出、环境规制与我国低碳经济转型》,《经济科学》2013 年第 5 期。

所述,通过学者们对低碳经济的定义可以看出发展低碳经济的实质就是节能减排,即提高能源利用率,实现低排放高产出。

二、循环经济

循环经济的提出及研究可以追溯到环境保护兴起的 20 世纪 60 年代。1962 年美国生态学家蕾切尔·卡逊发表了《寂静的春天》,指出生物界以及人类所面临的危险。美国经济学家肯尼斯·鲍尔丁被认为是循环经济理念的最早倡导者,其"宇宙飞船经济理论"可以作为循环经济的早期代表。英国经济学家大卫·皮尔斯和克里·特纳 1990 年在《自然科学和环境经济学》一书中正式提出"循环经济"术语。20 世纪 90 年代,我国引入了关于循环经济的思想,此后对于循环经济的理论研究和实践不断深入。2003 年我国将循环经济纳入科学发展观,确立了物质减量化的发展战略,2004 年提出从不同的空间规模:城市、区域、国家层面大力发展循环经济。

英国经济学家皮尔斯(Pearce)1989 年出版的《绿色经济蓝皮书》首次提出绿色经济,他主张从社会及其生态条件出发,建立一种"可承受的经济"。雅格斯(Jacobs)与伯斯托尔(Postel)等人在 20 世纪 90 年代所提出的绿色经济学中倡议在传统经济学三种生产基本要素:劳动、土地及人力资本之外,必须再加入一项社会组织资本。一般认为绿色经济是指能够遵循"开发需求、降低成本、加大动力、协调一致、宏观有控"五项准则,并且得以可持续发展的经济。绿色经济既是指具体的一个微观单位经济,又是指一个国家的国民经济,甚至是全球范围的经济。目前,绿色经济正以其强大的力量推动全球经济转变,发达国家普遍转向了绿色经济,在传统经济向绿色经济转变中实现结构增长。国内对绿色经济的研究比较广泛,已经将绿色的概念贯穿到各个产业领域:包括工业、农业、服务业,几乎任何一个行业都有绿色理念的提出。

生态经济学是将生态学和经济学两门独立的学科结合起来的一门新学科。它与循环经济一样起源于美国女生物学家蕾切尔·卡逊（Rachel Carson）的《寂静的春天》，该书通过描绘美国因滥用杀虫剂而给环境造成的危害，深刻揭示了工业化对自然生态的影响。一般来说，生态经济是指在生态系统承载能力范围内，运用生态经济学原理和系统工程方法改变生产和消费方式，挖掘一切可以利用的资源潜力，发展一些经济发达、生态高效的产业，建设体制合理、社会和谐的文化以及生态健康、景观适宜的环境。生态经济是一种实现经济腾飞与环境保护、物质文明与精神文明、自然生态与人类生态的高度统一和可持续发展的经济。国内对生态经济的研究比较早，发展得也相对成熟，既有基本理论的研究：包括社会经济发展同自然资源和生态环境的关系，人类的生存、发展条件与生态需求、生态价值理论、生态经济效益、生态经济协同发展等；也有生态经济计量方面的研究：包括运用数学方法对生态经济系统内物质与能量的各种运动进行计算等。

三、可持续发展

可持续发展理论（Sustainable Development Theory）源自 20 世纪 50—60 年代。1962 年，美国女生物学家蕾切尔·卡逊发表了《寂静的春天》，描绘了一幅由于农药污染所造成的可怕景象，惊呼人们将会失去"春光明媚的春天"，在世界范围内引发了人类关于发展观念的争论。10 年后，美国两位著名学者巴巴拉·沃德（Barbara Ward）和雷内·杜博斯（Rene Dubos）发表了《只有一个地球》，把人类生存与环境的认识推向一个可持续发展的新境界。同年，一个非正式国际著名学术团体即罗马俱乐部发表了有名的研究报告《增长的极限》（The Limits to Growth），明确提出"持续增长"和"合理的持久的均衡发展"的概念。1987 年,以挪威首相布伦特兰(Gro Harlem Brundtland)为主席的联合国世界与环境发展委员会发表了一份报告《我们共同的未来》,正式提出可持续发展概念,并以此为主题对人类共同关心的环境与发展问题进行了全面论述,受到世界各国政府组织和社会的极大重视,在 1992 年联合国环境与发展大会上可持续发展要领得到与会者共识与承认。

关于低碳经济、绿色经济、生态经济、循环经济已经有广泛和深入的研究。研究成果表明,它们的目的都是为了解决人类可持续发展的问题,都考虑到人与自然是相互依赖的,它们之间既有联系又有区别。低碳经济是应对气候变化最有效的经济方式,是高碳工业化时代最具有特征的可持续发展的经济方式。循环经济作为以节约型和环境友好型为特征的经济方式,即便在低碳经济时代也是能适应可持续发展的经济方式。绿色经济是作为应对高碳工业化时代灰色经济的一种最适合人类生存的生态经济,循环经济是构建这种绿色生态经济的方法或实现这种环境的路径。

低碳经济在本质上就是可持续发展经济,是生态经济可持续发展的新发展。发展低碳经济的根本方向是可持续发展。低碳经济是目前可行的、可量化的可持续发展模式的最佳形态。发展低碳经济是可持续发展的必然选择、最佳体现与首选途径。同时又向循环经济发展提出了新要求。在低碳经济的目标中,最少的废物排放,首先应该是碳排放量最小化与无碳化。

我国作为世界上能源消耗和碳排放大国,也相当重视低碳经济的发展和产业的可持续发展,并先后制定了一系列节能减排的重大措施。在气候变化问题上,我国已经初步建立了相关法制保障机制,与此同时我国也采取了一系列战略性政策性文件,以推动经济的可持续发展,具体如表 1-1 所示。

表 1-1　我国有关环境方面的法律法规和政策性文件一览表

时间	相关法律法规	政策性文件
1989 年	《中华人民共和国环境保护法》	
1996 年	《矿产资源法》《煤炭法》《电力法》《中华人民共和国固体废物污染环境防治法》	
2000 年	《中华人民共和国水污染防治法实施细则》	
2002 年	《中华人民共和国环境影响评价法》	
2001 年	《畜禽养殖污染防治管理办法》	
2003 年	《中华人民共和国放射性污染防治法》	《节能中长期专项规划》《关于做好建设节能型社会近期重点工作的通知》《关于加快发展循环经济的若干意见》《关于节能工作的决定》
2004 年	《环境污染治理设施运营资质许可管理办法》	
2005 年	《中华人民共和国可再生能源法》	
2006 年	《农村水电建设项目环境保护管理办法》	国家"十一五"规划
2007 年	《环境监测管理办法》	《中国应对气候变化国家方案》"可再生能源与新能源国际合作计划"《GDP 能耗统计指标体系实施方案》《主要污染物问题减排统计》
2008 年	《中华人民共和国水污染防治法》	《中国应对气候变化政策与行动白皮书》
2009 年	《中华人民共和国促进循环经济法》	《推进低碳经济发展的指导意见》

　　国家和政府应该如何对待温室气体排放,采取哪些政策更加有利于消减温室气体?如何推动低碳技术的应用和发展等等?这些都

是近几年国内外研究最多的课题,也是政府关注的问题。近几年来,我国政府为此也出台了许多相应的政策。

2011 年 12 月国务院印发了《"十二五"控制温室气体排放工作方案》(国发〔2011〕41 号)文件,各有关部门要在各自职责范围内做好控制温室气体排放工作,充分发挥市场机制作用,增强企业和社会各界控制温室气体排放的意识和自觉性,形成以政府为主导、企业为主体、全社会广泛参与的控制温室气体排放工作格局,确保完成"十二五"控制温室气体排放目标。2012 年国家发改委下发了《温室气体自愿减排交易管理暂行办法》(发改气候〔2012〕1668 号),以此规范温室气体自愿减排交易工作。2014 年 1 月国家发改委下发了《节能低碳技术推广管理暂行办法》,同年,国家发改委下发了《国家发展改革委关于组织开展重点企(事)业单位温室气体排放报告工作的通知》(发改气候〔2014〕63 号)。2014 年国务院办公厅印发《2014—2015 年节能减排低碳发展行动方案》,明确 2014—2015 年单位 GDP 能耗分别逐年下降 3.9%,单位 GDP 二氧化碳排放量两年分别下降 4%、3.5%以上。

2013 年国家发改委办公厅下发了钢铁、平板玻璃、陶瓷等 10 个行业温室气体排放核算和报告指南(试行)。上海正式印发了《上海市温室气体排放核算与报告指南(试行)》以及钢铁、电力、建材、有色、纺织造纸、航空、大型建筑(宾馆、商业和金融)和运输站点等 9 个上海碳排放交易试点相关行业的温室气体排放核算方法。深圳公布了《组织的温室气体排放量化和报告规范及指南》(SZDB/Z 69—2012)。广东省《企业温室气体排放计量及核查方法导则》《工业企业温室气体排放量量化方法及报告通则》《温室气体声明审定及核查机构要求》以及多个行业温室气体排放量化方法列入省地方标准的制定计划。

第二节　碳足迹、碳排放与碳减排

一、碳足迹

（一）碳足迹的理论基础

足迹这个概念最早起源于哥伦比亚大学的威廉·里斯（William Rees）和马锡斯·瓦克纳格尔（Wackernagel）提出的生态足迹的概念，即要维持特定人口生存和经济发展所需要的或者能够吸纳人类所排放的废物的、具有生物生产力的土地面积。[1] 碳足迹源于生态足迹的概念，最早出现于英国，并在学界、非政府组织和新闻媒体的推动下迅速发展起来。[2]

生态足迹理论最早是由加拿大生态经济学家威廉·里斯和其博士生瓦克纳格尔1996年发表的"Our Elogical Footprint"里提出的[3]，用于度量可持续发展程度的一种新方法，认为人类的任何生产、生活活动都会对自然生态环境产生影响，留下"足迹"，而"足迹"的大小是可以通过一系列的指标来计算的，通过计算结果与生态容量的比较，可评价全球生态可持续发展状况。生态足迹理论实际上是评估物质供给能力与消费水平平衡程度的理论。它从一个全新的角度考虑人类发展与生态环境的关系。生态足迹方法作为基于生物生产面积测量区域可持续发展的生物物理评价方法，是一种新颖的资源利用评价方法，是通过测定现今人类为了维持自身生存而消费的自然提供的产品和服务，对地区可持续发展决策具有一定的指导性。

---

[1] Wackernagel M, Rees W, "Our Ecological Footprint: Reducing Human Impact on the Earth", *New Society PublIshers*, 1996.

[2] Weidema B P, Thrane M, Christensen P, et al, "Carbon Footprint: A Catalyst for Life Cycle Assessment?", *Journal of Industrial Ecology*, 12（1）, 2008, pp.3-6.

[3] 蒋婷:《碳足迹评价标准概述》,《信息技术与标准化》2010年第11期。

（二）碳足迹的内涵及评估标准

不同的学者对碳足迹有不同的理解和认识。碳足迹通常是指人类生产和消费活动所产生的所有直接和间接的温室气体（Greenhouse Gas，GHG）的排放总量，一般用一定时间内的二氧化碳吨数（CO_2 等价物）来表示。温室气体主要包括二氧化碳（CO_2）、甲烷（CH_4）、氧化亚氮（N_2O）、氢氟碳化物（HFCs）、全氟碳化物（PFCs）、六氟化硫（SF_6）、氯氟烃类化合物（CFCs）、氢代氯氟烃类化合物（HCFCs）、臭氧（O_3）、水汽（H_2O）等。《京都议定书》明确规定减排的温室气体包括前六种。世界资源研究所（World Resources Institute，WRI）、世界可持续发展工商理事会（World Business Council on Sustainable Development，WBCSD）将碳足迹定义为三个层次：一是机构自身的直接碳排放；二是来自机构上一级能源供给部门的直接碳排放；三是来自供应链全生命周期的直接和间接碳排放。[①]

从碳足迹的评价体系来看，碳足迹从应用层次上可以分为国家碳足迹、企业碳足迹、产品碳足迹和个人碳足迹四个类别。国家碳足迹是指从宏观角度估算的整个国家的总体物质与能源消耗的温室气体 GHG 排放量。企业碳足迹是指企业生产性活动产品碳足迹和企业非生产性活动的所有 GHG 排放量。产品碳足迹是指产品或服务系统在全生命周期内涵盖生产制造、分销使用、废弃处置整个阶段的 GHG 排放量。个人碳足迹是指日常生活中个人的衣、食、住、行整个消费过程的 GHG 排放量。此外，也可以按照政府间气候变化委员会（Intergovernmental Panel on Climate Change，IPCC）的分类方法，按不同部门将碳足迹分为：能源部门碳足迹、工业过程和产品使用部门碳足迹、农林和土地利用变化部门碳足迹、废弃物部门碳足迹等。

---

① 陈文颖、代光辉：《广西重点行业二氧化碳减排潜力分析》，《环境科学与技术》2007 年第 6 期。

关于碳足迹的规范和标准主要包括欧盟的温室气体盘查议定书、英国的公共可用规范（Publicly Available Specificatio）即 PAS 2050:2008、日本的 TSQ 0010 和国际标准化组织正在制定的 ISO 14067 等。目前已经出台和即将发布的相关碳足迹国际评价标准主要应用于产品碳足迹和企业碳足迹两个领域，而不涉及上面提到的国家碳足迹和个人碳足迹领域。产品碳足迹和企业碳足迹涉及的具体相关国际标准详见表 1-2。

表 1-2　碳足迹评价相关国际标准

核算层面	标准名称	发布时间	使用范围	制定组织	核算方法
终端消耗碳排放	GHG PROTOCOL	2002	企业项目	WRI/WBCSD	对企业或项目现有终端排放源的检测和审计
	ISO 14064	2006	企业、项目	国际标准化组织	
全生命周期碳排放	PAS 2050	2008	产品、服务	英国标准协会	对产品或服务全生命周期碳排放，建立模型估算
	ISO 14040/14044	1997—2006	产品、服务	国际标准化组织	
	TSQ 0010	2009	产品、服务	日本	
	PRODUCT AND SUPPLY CHAIN GHG PROTOCOL	即将发布	产品、服务	WRI/WBCSD	
	ISO 14078	即将发布	产品、服务	国际标准化组织	

从现有企业碳足迹的评价标准看，主要包括 GHG PROTOCOL 2002 和 ISO 14064。温室气体议定书 GHG PROTOCOL 由 WRI/WBCSD 于 2002 年发布，是对企业或项目现有终端排放源的检测和审计的温室气体核算和报告准则，包括《温室气体议定书企业核算和报告准则》和《温室气体议定书项目量化准则》，为企业提供了碳盘查的标准和指导。目前 GHG PROTOCOL 2002 在多个国家推广和

被企业应用,如索尼、宜家等等,是全球第一项针对企业碳排放的准则。ISO 14064 是国际标准化组织(International Organization for Standardization,ISO)于 2006 年公布的国际标准,用于指导政府和企业监测和控制 GHG 排放。ISO 14064 包括 ISO 14064-1《温室气体第一部分:组织的温室气体排放和削减的量化、监测和报告规范》、ISO 14064-2《温室气体第二部分:项目的温室气体排放和削减的量化、监测和报告规范》、ISO 14064-3《温室气体第三部分:温室气体声明验证和确认指导规范》①。上述标准对企业或项目的碳足迹核算都是从终端排放源进行检测和审计。

从现有产品碳足迹的评价标准看,主要包括 PAS 2050,ISO 14040/14044 和 TSQ 0010。PAS 2050 以 2008 年英国标准协会(British Standard Institution,BSI)出版的指导性文件为产品碳足迹评价标准,是评价产品温室气体排放的规范性文件,目前国际上一些公司已在逐步实施,如可口可乐、百事可乐等等。ISO 14040/14044 为国际标准组织 1997 年和 2006 年逐步发布的 ISO 14040/14044 系列标准,其中制定了基于全生命周期评价的产品碳足迹评价标准、架构和步骤。TSQ 0010 是日本标准协会于 2009 年发布的产品碳足迹量化的基本准则,其内容主要依照 ISO 14025 的产品分类准则分类,其执行步骤和 PAS 2050 基本一致。上述标准对产品和服务的碳足迹核算都是从全生命周期来进行 LCA 的仿真和碳排放的估算。

(三)碳足迹的计算方法

有效地评价温室气体排放的重要途径就是碳足迹的核算。碳足迹的计算方法多种多样,包括投入产出法(Input-Output,IO)、生命周期评价法(Life Cycle Assessment,LCA)。2006 年 IPCC 国家温室

---

① 蒋婷:《碳足迹评价标准概述》,《信息技术与标准化》2010 年第 11 期。

气体清单指南计算方法(以下简称为 IPCC 方法)①、碳足迹计算器等,其中,以 IO 法、LCA 法和 IPCC 法应用较多。LCA 过程分析法主要基于产品生产过程来计算标的全生命周期的碳排放。投入产出法主要基于经济系统的投入产出表数据信息来计算的包括企业整个生产过程的直接与间接的碳排放总量。

1.投入产出法(IO 法)

投入产出法是由美国经济学家瓦西里·列昂惕夫(Wassily Leontief)创立的,目前已经作为一种成熟的工具广泛应用于经济学领域。IO 法利用投入产出表进行计算,通过平衡方程反映初始投入、中间投入、总投入,中间产品、最终产品、总产出之间的关系,反映其中各个流量之间的来源与去向,也反映各个生产活动、经济主体之间的相互依存关系。投入产出法将深刻复杂的经济内涵与简洁明了的数学表达形式完美结合,是经济系统分析不可替代的工具。

目前已有不少学者应用 IO 法进行碳足迹的计算。

2.生命周期评价法(LCA 法)

生命周期评价法是评估一个产品、服务、过程或活动在其整个生命周期内所有投入及产出对环境造成的和潜在的影响的方法,是传统的从摇篮到坟墓的计算方法。LCA 法已经纳入 ISO 14000 环境管理体系,具体包括互相联系、不断重复进行的四个步骤:目的与范围的确定、清单分析、影响评价和结果解释。LCA 法是一种自上而下的方法,计算过程比较详细和准确,适合于微观层面碳足迹的计算。目前其在碳排放评估方面的应用主要集中于产品或服务的碳足迹计算,且已有成熟的相关标准供参考,如英国标准协会颁布的面向公众的标准 PAS 2050:2008,正在制定的碳足迹标准 ISO 14067。

---

① IPCC 是指政府间气候变化委员会(Intergovernmental Panel on Climate Change),简称 IPCC。

生命周期评价法的概念于 1990 年由国际环境毒理环境与化学学会(Society of Environmental Toxicology and Chemistry,SETAC)召开的有关生命周期评价的国际研讨会上提出。SETAC 将 LCA 定义为:通过对能量和物质利用及由此造成的环境排放进行辨识和量化来进行的对产品、过程以及活动的环境影响进行评价的客观过程。LCA 评价贯穿整个产品的生命周期,包括原材料的提取与加工、产品制造、运输与销售、产品的使用和维护、废物循环和最终废弃各个阶段。LCA 采用 ISO 14040/44 国际标准,评估产品生命周期中全面环境影响和物耗、能耗等信息,《ISO 14040 生命周期评价——原理与实践》于 1997 年颁布,ISO 14044 于 2006 年颁布。本书服装产品碳足迹 LCA 框架体系仅重点考虑一项环境影响,即温室气体 GHG 排放。基于 ISO 14040 的 LCA 框架如图 1-1 所示。

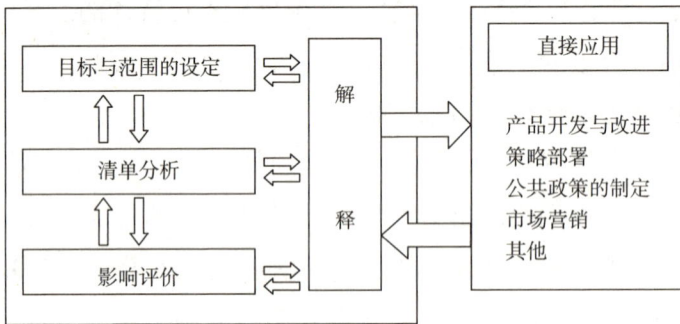

图 1-1　生命周期评价法框架图

3.IPCC 计算方法

IPCC 方法是指联合国气候变化委员会编写的国家温室气体清单指南,它提供了计算温室气体排放的详细方法,并成为国际上公认和通用的碳排放评估方法。

在最新修订版本 IPCC 2006 中,IPCC 方法将研究区域分为能源部门、工业过程和产品使用部门、农林和土地利用变化部门、废弃物部门四大部门:能源部门是指依靠能源燃烧驱动的经济体部门。能源部门通常是温室气体排放清单中最重要的部门,一般占二氧化碳排放量的90%以上和温室气体总排放量的75%。工业生产过程和产品使用部门是指从工业过程、产品中使用温室气体、化石燃料碳的非能源使用(即作为原料)产生的温室气体排放。工业生产过程中化石燃料作为燃料使用产生的排放列入能源部门考核。农林和土地利用变化部门的碳排放包括农业活动和林地变化等引起的温室气体排放。农业通常为碳源,主要包括稻田甲烷排放、农田氧化亚氮排放、动物消化道甲烷排放、动物粪便管理中产生的甲烷和氧化亚氮排放。废弃物处置部门主要估算源来自固体废弃物处置、固体废弃物的生物处理、废弃物的焚化和露天燃烧、废水处理和排放等过程中产生的二氧化碳、甲烷和氧化亚氮排放。

在IPCC计算方法中,针对不同的部门,碳足迹的计算方法往往不完全相同,但最简单最常用的方法是,碳排放量=活动数据×排放因子。由于生产工艺、地域分布和技术水平等的差异,各国的排放因子往往不同。IPCC给出了不同生产工艺和不同国家的各种缺省排放因子,在没有相关数据的情况下可以直接采用IPCC提供的缺省排放因子。

IPCC计算方法的优点是详细、全面地考虑了几乎所有的温室气体排放源,并提供了具体的排放原理和计算方法。然而其缺点是仅适用于研究封闭的孤岛系统的碳足迹,是从生产角度计算研究区域内的直接碳足迹,无法从消费角度计算隐含碳排放。

二、碳排放与碳减排

(一)碳排放

碳排放(carbon emission)指的是二氧化碳和其他一些温室气体甲烷(CH_4)、氧化亚氮(N_2O)、氢氟碳化物(HFC_S)、全氟碳化(PFC_S)、六氟化硫(SF_6)的排放。众所周知,碳元素是世界上必不可少的元素之一,是人类存在和发展的基础,在人体中约有20%的碳元素。在生物链中人类产生大量的二氧化碳,而植物等是吸收二氧化碳的,但是由于人类长时间不间断地排放温室气体,致使全球气候不断变暖,环境不断恶化。由于二氧化碳是惰性气体的原因,没有化学方式使其消除或者是转化,因此目前阶段环境污染的压力只能是节能减排,也就是说只能最大限度地控制二氧化碳的排放量。碳排放最初并没有进入经济学研究的范畴,而是随着当今社会环境污染的加大,全球气温的上升才引起社会各界的关注。其实早在20世纪70年代召开的第一次世界气候大会时就有科学家指出,随着大气中二氧化碳浓度的不间断增加,21世纪全球气候变暖是不可避免的。随着近年来全球气温的上升,碳排放逐渐引起科学界以及国际社会的重视。IPCC分别于1990年、1995年、2001年和2007年对全球气候变化进行评估,并发布了全球气候变化评估报告,其中2007年第四次气候变化评估报告表明由人类活动产生的温室气体排放引起20世纪中期气温上升的可能性达到90%以上。其中先后达成的《联合国气候变化框架公约》和《京都议定书》也成为国际社会应对气候变化的重要依据,温室气体的减排也成为目前国际环境相互关注的核心议题。

碳排放强度是指单位国内生产总值的碳排放量,该项指标反映了能源利用效率,该指标越小,表明能源利用率越高,这在一定程度上反映了低碳技术的提高。目前各国用碳排放强度衡量各国的减排成效,相对而言,发达国家由于经济技术先进,因此碳排放强度较低,发展中国家由于粗放型的经济增长方式和落后的生产技术致使碳排放强度明显高于发达国家。对于发展中国家而言,碳排放强度指标的运用有效限制碳排放,也就是说发展中国家要淘汰落后产能,引进高新技术。结合发展中国家所处的发展阶段,低的碳排放强度在一定程度上限制了发展中国家的发展。针对目前严重的环境污染问题,应该鼓励各国采取高新技术提高能源利用率,鼓励低碳产业的发展,使各国逐步由高碳经济向低碳经济的形式转变。

对于碳排放的研究,国内外学者做得比较多的是碳排放与经济发展以及碳排放的因素研究。随着经济的发展,碳排放量逐年增加,致使全球环境恶化。目前大部分研究表明经济增长和碳排放量之间呈现正相关关系。目前国内外学者对碳排放影响因素主要是从经济发展角度、产业结构角度、能源以及人口角度采取因素分解法、指数分解法以及投入产出法进行研究。

帕卓里(Pachauri S)运用家庭消费模式以量化的方式对能源消耗和温室气体排放的各种消费因素进行分析。[①] 努纳伊尔(Neunayer E)等学者通过对各个产业部门的碳排放影响因素进行分析,研究结果表明人口数量等影响因素和碳排放量的关系呈现出不同的趋势。[②] 克里斯·古道尔(Chris Goodall)通过能源消耗系数估算出碳排放量,并分析表明实行低碳生活迫在眉睫。[③] 布兰福德(Blanford)等运用 MERGE 模型对 2030 年之前中国的碳排放进行了预测。[④] 莱德斯劳(Radoslaw)运用英国数据对人均收入与碳排放关系进行研究,结果表明随着产业结构的优化升级,人均收入和碳排放量之间存在着环境库兹涅茨曲线。[⑤] 松冈(Matsuoka S)运用"三层完全分解

---

① Pachauri S, Spreng D, "Direct and Indirect Energy Requirements of Household in India", *Energy Policy*, 30, 2002, pp.62–68.

② Cole M A, Neunayer E, "Examining the Impacts of Demographic Factors on Air Pollution", *Populate Dev Rev*, 6, 2004, pp.41–46.

③ CHRISG, "How to Live a Low–Carbon Live: The Individual Guide to Stopping Climate Change", *London Sterling*, 2007.

④ Blanford G J, Richels R Q, Rutherford T F, "Revised Emissions Growth Projections for China: Why Post–kyoto Climate Policy must Look East", *Discussion Paper*, 6, 2008, pp.34–39.

⑤ Tadevosyan A V, Hambardzumyan A M, Hayrapetyan A S, et al, "Assessment of Industrial Economic Object Impact on Environment", *Energy Policy* (06), 2007, pp.72–80.

法"理论,利用 1985—1999 年中国各个省份的数据,分析中国碳排放量的趋势变化以及碳排放量的影响因素[①]。迪亚克弗拉基(D. Diakoulaki)等从能源消耗种类、能源强度和人类活动分别分析1990—2002 年影响希腊碳排放的主要影响因素,结果表明人类活动在碳排放量增加上占主导地位,经济发展与碳排放呈现正相关关系。希恩(Sheehan)等通过对不同影响因素经济增长、单位能源消耗量、能源结构及碳排放强度进行研究,并对中国 20 年以后的碳排放量进行预测。[②] 希佩尔(Schipper)、莫迪肖斯(Murtishaws)、赫鲁晓(Khrushch)等通过因素分解法对 9 个国家制造部门的碳排放强度进行分析,得出近年来碳排放增长的缘由。[③]

徐国泉等运用对数平均分解法对中国人均碳排放影响经济发展、能源结构以及能源效率进行研究,发现能源结构和能源效率与人均碳排放之间呈倒"U"形关系,而与经济增长呈现指数关系。[④] 王迪等利用 1996—2007 年江苏省六个部门的数据,对碳排放的影响因素技术、经济、能源以及产业结构进行研究得出:技术进步和经济增长是江苏省碳排放量增加的主要原因,而产业结构的贡献并不明显,能源效率的提高是降低碳排放量的关键性因素。孙敬水等使用投入产出以及对数均值迪氏指数(LMDI)的两种方法相结合,对我国工业部门的碳排放影响因素进行分析,得出经济增长是碳排放逐年增加的最大驱动因素。王玷利用 1985—2007 年中国的数据对碳排放影

[①] Kawase, Matsuoka, Fujino, "Decomposition Analysis of CO_2 Emission in Long-term Climate Stabilization Scenarios", *Energy Policy*, 34, 2006, pp.69–74.

[②] Sheehan P, Sun F, "Energy Use and CO_2 Emissions in China: Retrospect and Prospect", *CSES Climate Change Working Paper*, 4, 2006, p.17.

[③] Schipper L, M urtishaw S, Khrushch M., "Carbon Emissions from Manufacturing Energy Use in 13 TEA Countries: Long-term Trends Through 1995 ", *Energy Policy*, 29, 2001, pp.667–688.

[④] 徐国泉、刘泽渊、姜照华:《中国碳排放的因素分解模型及实证分析:1995—2004》,《中国人口资源与环境》2006 年第 6 期。

响因素以及各影响因素产生的减排效应进行研究,得出产业结构以及经济增长对碳排放量贡献最大,减排效应最弱。[1] 宋德勇等对碳排放量影响因素进行二次分解,结果表明能源强度对碳排放量的减少起到关键性作用,减少碳排放的主要途径有产业结构的调整以及经济方式的转变。李艳梅等在估算中国一次能源消耗的碳排放量的基础上对其影响因素经济增长、产业结构以及碳排放强度进行研究,其中经济增长和产业结构与碳排放量呈正向关系,碳排放强度对碳排放量的增长起到抑制作用。王锋等运用对数平均(Divisia)分解法,对中国1995—2007年能源消费的碳排放影响因素进行研究,结果表明人均GDP的增加是最关键的影响因素。徐国泉等对我国近几年的碳排放量通过对数均值迪氏指数(LMDI)分解法进行影响因素分解研究。[2] 目前国内对单个行业的研究相对不是很多,大部分都是集中在高能耗的工业部门,例如煤炭、水泥、交通运输业等产业,对于纺织服装业,学者研究相对很少。

(二)碳减排

碳减排从字面上来理解就是减少二氧化碳的排放量。而研究碳减排的目的就是制定各项政策法规或者措施来减少碳排放量,而提高政策的可行性以及措施的有效性,需要对政策进行科学的评价和研究,对各项措施所涉及的减排潜力和减排技术需要评估。从长期来看,碳减排的实施对于经济增长来说既是机遇同时也是挑战。因为碳减排短时间内会带来产量的减少,加大技术投入成本,但是从长远角度来看绿色环保技术有利于促进经济增长方式,形成低碳经济的发展模式。我国作为发展中的大国也非常重视碳减排的实施,积极平衡碳减排和经济发展之间的关系,不仅制定各项法律条款,而且

---

[1] 王坤:《我国碳排放与经济增长的相关性分析》,《管理观察》2009年第9期。

[2] 王锋、吴丽华、杨超:《中国经济发展中碳排放增长的驱动因素研究》,《经济研究》2010年第2期。

制定颁布一系列的减排政策。

以量化的指标来界定各国对全球温室气体排放的贡献,最为国际通用的指标是某年每个国家的温室气体排放总量和人均温室气体排放量。2008年波兹南气候会议,中国提出了"人均累积碳排放"的概念,目前存在两种计算方法:一是将历史上一段时期内某国累积的碳排放量求和,再除以该国当前人口数;二是将某国一段时期内各年份的人均排放量简单叠加。该指标将历史责任和人际公平概念融于一个指标之中,在反映温室气体排放历史贡献以及背后的工业化进程的同时关注人均排放权的公平性。当然,在讨论碳减排责任和义务时,人均累积碳排放量等指标并不会作为仅有的指标,还必须考虑其他重要因素,比如经济发展阶段、技术水平、减排潜力、自然地理条件等。

目前国内外对于碳减排的研究主要有两方面:一是对各项减排技术进行评价分析;二是对各项措施的减排潜力及成本进行评估,目的都是为了有效地采用技术减少碳排放,制定高效的减排措施。埃尔岑(Den Elzen M)等对全球不同区域应对全球变暖所采取的措施以及技术进行研究,建议各个国家应该根据自己本国的实际情况采取相应的措施。毛利西奥(Mauricio F)等通过面板数据分析了巴西工业部门在2030年以前的碳减排潜力,建议巴西工业部门应采取低碳技术诸如资源回收利用、传统能源向新能源转化以及采取高效技术等应对低碳经济的发展需求。安德鲁·福特(Andrew Ford)采取计算机技术,对美国西部电力系统的碳排放进行了模拟分析。曼恩(Manne)等基于MERGE模型,在碳税基础上对不同国家的碳减排成本进行了分析比较,结果表明不同国家的碳减排成本存在不同程度的差异。[1]

---

[1] Den Elzen M, "Decomposition of Industrial CO_2 Emissioms: The Case of European Union", *Energy Economics*, 22, 2000, pp.383-394.

目前国内研究主要集中在两个方面：一是宏观上的措施，政策方面主要有排放限额、碳排放交易机制，财政补贴以及税收优惠等；另一方面是我国碳减排的必要性以及低碳技术，主要涉及能源效率的转化、替代以及低碳技术的提高等。国涓等以工业部门为出发点，根据碳排放强度建立了减排潜力分析模型，并在此基础上合算了2007年各工业各部门的潜力指数，研究结果表明在边际成本和低碳技术的影响下，碳排放强度的不同，减排潜力也相应不同，碳排放强度高的部门更具有减排潜力，成本更低。①

第三节　碳标签与碳信息披露

一、碳标签

碳标签是指基于 PAS 2050 计算系统的碳排放量的标识，即产品碳足迹的量化标注，主要用于显示产品生命周期总的温室气体排放量，涵盖了生产、运输、制备、使用和处置各个环节。有的碳标签还标示了承诺在未来两年减少产品碳足迹。就纺织服装产品碳标签而言，服装在全生命周期内排放的温室气体越多，对全球气候变暖的影响就越大，则产品的碳足迹越大，在碳标签上显示的值也就越大；反之则越小。以一件纯棉衬衫为例：一件纯棉衬衫的生命周期包括原材料阶段、生产阶段、销售阶段、使用阶段和废弃阶段等，依据以上碳足迹的计算方法将各阶段的碳足迹计算出来之后，就可以得到一件纯棉衬衫全生命周期的碳足迹，将其数值标示出来，即碳标签。

产品或服务标示碳标签有两层意义：一方面碳足迹信息可以为

---

① 国涓、刘长信、孙平：《中国工业部门的碳排放：影响因素及减排潜力》，《资源科学》2011年第 9 期。

消费者提供低碳绿色消费向导,有利于购买者和消费者快捷顺当地了解产品的碳足迹信息,引导其选择更低碳排放的商品;另一方面,企业也可经由碳足迹评价实现碳排放来源的透明化,了解生产过程中碳排放较多的环节,从而提出改善措施,以达到减少温室气体排放的目的。

碳标签上标识的内容有以下几个方面(以英国碳标签为例)(见图1-2):一是其足迹形象;二是其发布组织,例如英国碳标签是由碳信托(Carbon Trust)组织发布的;三是其碳足迹数值,即该产品每功能单位全生命周期的碳排放量,图片展示碳标签每功能单位碳排放是2.4kg;四是对碳标签上所示数据的简单解释和说明,例如该碳标签上所标识的是一件T恤在全生命周期过程中的总碳排放量,包括的项目有原材料、生产、销售、使用(主要包括25次洗涤、干燥和熨烫)和废弃处理;五是对消费参与该产品全生命周期中使用阶段如何减少碳排放,例如该碳标签中所提出的使用绿色的可回收的原材料制成的产品、降低洗涤时的水温和减少机器烘干和熨烫都会减少碳排放,并且有相关减少的数据。

图1-2 英国碳标签

碳标签有四种推行模式:一是由政府发起,委托非营利机构执行,如英国碳减量标签(Carbon Reduction Label)、韩国酷儿标签(Cool Label)、泰国碳减量标签(Carbon Reduction Label);二是政府发起,由政府提供计算准则及资源,如德国产品碳足迹(Product Carbon Footprint);三是由非营利机构发起,如美国碳标签(Carbon Labels)、无碳标签(Carbon Free Label)、加州碳标签(Carbon Labels for California);四是由政府发起并直接推行与推动,如瑞士气候标签(Climatop Labels)、加拿大碳计量(Carbon Count)。

从2007年起国外关于碳标签的讨论开始不断涌现,并有不少国家的政府部门和行业协会开始了这方面的应用和推广活动。其中,英国是全球最早对产品推出碳标签制度的国家。英国政府为应对气候变化专门资助成立了碳信托公司。碳信托公司于2006年推出了碳减量标签制度,鼓励英国企业使用碳标签,行业协会也在会员企业中积极宣传与推广。2007年3月,英国试行推出全球第一批标示碳标签的产品。日本紧随英国,鼓励各公司自愿推出产品碳标签,在商品包装上详细标注产品生命周期每个阶段的碳足迹。欧盟委员会积极推出新的规则对生物燃料的碳足迹评价作出规定。法国政府鼓励零售商对碳足迹进行核算,签发了零售商和贸易企业可持续发展的规定。韩国、泰国等国也纷纷推出碳标签计划。到目前为止,已有14个国家与地区推出或即将推出碳标签制度(共计19种)。

二、碳信息披露

碳信息披露也叫碳计量信息披露,是指企业对其温室气体排放情况、减排计划方案及其执行情况的温室气体管理信息、气候变化相关的风险和机遇等相关信息适时向利益相关方进行披露的活动,也称为温室气体管理信息披露。碳信息披露是企业在碳减排工作方面的展示窗口。投资者等利益相关者对企业碳信息的需求亦日益增加。政府以及监管部门也以企业碳排放量等碳信息作为参考依据来制定低碳发展内政外交政策。投资者考虑企业碳排放风险、碳减排成本及碳交易损益情况来进行投融资决策。会计事务所等中介机构可根据企业面临的碳减排风险、碳审验鉴证等信息来考虑经营风险以及拓展业务范围。

碳信息披露的主要内容包括低碳财务信息、低碳环境信息。低碳财务信息主要包括碳资产、碳负债、碳增益、碳成本、碳利润等方面的信息。相关的准则和碳信息披露内容的具体描述如表1-3所示。

表1-3　国际组织碳信息披露内容描述

组织名称	成立背景和目的	碳信息披露内容描述
气候风险披露倡议	由联合国环境规划署等14个组织于2005年共同发起成立,目的是使企业能更好地披露由于气候变化所引起的风险	a.过去、现在和预计的碳排放量总体状况;b.气候风险与排放管理战略分析、公司治理安排;c.评估气温上升的直接风险:如海平面上升、恶劣天气的增加等;d.与碳排放管制有关的风险分析:预计将给企业带来重大影响的与气候变化有关的趋势、事件及不确定性;估计碳排放法规等的潜在影响;企业碳成本的估计数据
气候披露准则理事会	世界经济论坛2007年成立的下属机构,倡导通过建立一个全球企业的气候变化报告框架,促进和加强主流报告中气候变化相关信息的披露	a.气候变化的战略分析:管理层在制定战略决策时是否考虑到气候变化的影响;b.气候变化的监管风险:对当前及预期可能严重影响企业经营与财务方面的管制政策分析;c.气候变化有形风险:对现有或潜在、直接或间接的各种有形风险进行整体性定性描述;d.碳排放信息:报告期内、组织边界内的碳排放量信息
普华永道会计公司	作为全球四大之一的PWC,着眼于未来业务发展需要,独立提供了全球第一份服务于企业碳信息披露的范例	a.管理层评论:企业提供碳信息报告的目的;应对气候变化的战略目标与措施及公司治理安排;气候变化及碳交易对财务与经营的影响;碳减排业绩;b.企业碳排放报表;c.企业碳排放报表附注:碳排放报告政策;子排放源的碳排放量、各业务区域碳排放量资料;合并分立对碳排放的影响;d.第三方鉴证报告

续表

组织名称	成立背景和目的	碳信息披露内容描述
全球报告倡议组织制定的《可持续发展报告指南》	由美国NGO组织环境负责经济体联盟和联合国环境规划署倡议成立的,其目的是为全世界的可持续发展报告提供一个共同框架	a.战略及概况:企业总体概况、战略及分析、治理机制、管理当局的承诺、利益相关方参与管理等;b.管理方针:提供企业如何处理各类特定议题的背景资料,以利于了解企业在经营等各方面所做的努力;c.绩效指标:具体分经济、环境、社会三方面,披露企业直接与间接碳排放总量、减碳措施及效果
碳信息披露项目	由385家机构投资者自发成立,主要为企业管理层和投资者提供气候变化方面的决策信息	a.与气候变化有关的机遇、风险及应对战略;b.气候变化方面的治理;c.温室气体排放管理;d.温室气体排放量核算

　　碳资产是指企业在过去一段时间,所拥有的碳排放实体以及所掌控的碳排放权利。碳资产一般具有以下特征:碳资产的详细记录是企业低碳经济的基本表现;企业必须持有或者掌控碳资产;碳资产的核算要包含企业在过去进行的低碳业务。

　　碳负债是指在过去一段时间,企业碳排放对大气造成污染、资源造成浪费以及破坏了低碳能耗等进行的企业活动,表现为企业对碳排放的现时义务,以补偿上述危害。

　　碳增益是指企业的节能减排活动或者碳生产活动当中带来的企业低碳财务业绩的上涨,包括碳交易收入、低碳投资收益、政府发行的低碳税所减免的专项资金等碳资源的经济收益将会流入资产当中。

　　碳成本主要是指企业在节能减排、碳交易、生产环节中碳管理所产生的成本。碳成本的产生会削弱低碳经济的收益,导致企业效益降低。碳成本主要包括:碳交易费用、碳排放费用以及低碳管理费用。

　　碳利润是指企业的剩余碳总量减去碳收入成本,它反映了在一定的计量时段内,企业的低碳财务的业绩。

低碳环境信息包括:工业污染性气体的种类、处理情况以及排放量和国家标准的排放量的差距;企业所持有的清洁能源总量和生产的低碳产品量;企业的低碳目标和低碳方法,以及未来为了减少废气排放所指定的计划。低碳企业的内部管理制度主要有:节能环保设备的降耗量和员工各个生产环节的降耗量。低碳环境信息与国家制定或者颁布的相关法律法规有关,主要是指企业的碳排放量是否受到政府的奖励或者惩罚举措。

碳计量信息披露的形式分为企业年度报告和非独立报告两种。企业现行的财务报告主要是以天为单位对经济活动进行计量,其中碳计量信息披露得十分有限,主要是由于以下几点原因:碳计量体系还不成熟,在计量方法上还有不周到的地方,国家相关法律还不健全,碳计量标准还不完善,碳计量信息披露的成本较高,企业碳计量信息披露还未引起足够的重视。不过,随着碳计量信息受益者的相关需求不断增长,企业应该会逐步地实现碳计量信息以年度报告的形式进行披露。

独立报告式披露与传统的会计报告形式无关,它在报告中披露包括:财务信息、非财务信息以及其他独立的碳计量信息,并且对这些信息进行定量和定性分析。非独立报告式披露是指基于碳计量信息的原始财务报表中的传统会计信息、陈述、财务环境、企业资产、碳交易活动、节能行为、低碳生产活动等的披露。

我国的碳计量信息披露的发展仍然处于起步的阶段,评价体系的形式以及碳披露的内容缺乏统一的规定。一些典型国家在碳信息披露的政策和立法方面进行了有益探索并取得了比较成功的经验。如:以欧盟为代表的统一强制性碳信息披露立法;以美国为代表的伞形国家的相关立法等。欧盟以《京都议定书》(Kyoto Protocol)为立法依据,采取了欧盟区域内统一强制性减排立法与成员国强制性减排立法相结合的立法模式,这些手段不仅成功地让碳排放权转变为具有商业价值的商品,使欧盟站在了应对全球气候变化的制高点,而且促进了成员国国内碳排放交易体系的建立,引导其市场参与者选择最为经济的方式实现限制排放的目标,为其他国家和地区建立强制性减排交易体系和制度树立了榜样。对于美国等国家来说,联邦层面的立法起步较早。1990年颁布的《酸雨项目》(Acid Rain Program)明确规定了企业需要对排放二氧化碳浓度进行监测并上报。企业碳信息披露的程度与来自法律法规方面的压力呈正相关。跟自愿性披露的不确定性相比,强制披露制度下企业信息披露的范围、内容、格式和信息生成的方法都有统一的规范和要求,更有利于利益相关者评估碳管制对企业的影响。

在发达国家,一些行业管理机构除了要求企业披露碳排放信息,还制定了碳排放审计准则。例如,在2003年,美国注册会计师协会制定了《温室气体排放信息的认证业务》。同年,加拿大特许会计师协会制定了《实践指导:温室气体排放信息的审计业务》。2008年,澳大利亚气候变化部门发布了《国家温室气体排放与能源消耗指南》,为碳排放信息的审计提供了指导。

"碳信息披露项目"(Carbon Disclosure Project,CDP)是国际上一些企业自愿开展碳信息披露的典型范例。CDP制定了一个相对完整的企业碳信息披露框架,主要包括四方面内容:第一,气候变化引致的风险和机遇,风险包括法规风险、自然风险、竞争风险和声誉风险;机遇包括法规机遇、可见机遇和其他机遇。第二,碳排放核算,包括碳核算方法的选择、碳减排会计报告的编制、外部鉴证和审计、直接减排和间接减排的吨数、年度间碳排放差异的比较等。第三,碳减排管理,包括减排项目、排放权交易、排放强度、能源成本、减排规划等方面的内容。第四,气候变化治理,包括减排责任和各自贡献等。

但是相比于其他发达经济体,中国的企业在碳信息披露上的表现仍然差强人意,这主要是由于清偿力和可信性的缺失。因为中国当前缺乏相关的强制性披露规范，目前上市公司的碳信息披露均属于自愿性披露，信息比较零散，在年报中，主要体现在对未来发展的展望、社会责任、环境相关信息以及社会责任相关报道，披露的结构不够规范，信息散乱。

低碳经济是一种基于低能源浪费、低污染、低辐射的经济模式，其本质是追求洁净能源、能源回收技术的研究与发展。总体上说，企业自发的信息披露，如非营利性的碳披露项目，已经成为国际性问题并且不断向企业施压，要求它们将温室气体排放的表现以及影响及时汇报。

第二章 企业组织碳足迹的评价标准

近年来,随着国际相关组织和发达国家大力推行低碳经济,碳足迹开始在工业节能减排、产品生态标识和国际碳交易等领域广泛应用。碳足迹揭示了终端消费领域人类活动对于全球气候变化的影响,其量化方法主要采用碳足迹评价方法。而碳足迹评价标准主要应用于企业和产品碳足迹评价,如 GHG Protocol、ISO 14064、ISO 14067、PAS 2050、TSQ 0010 等。

第一节 碳足迹评价标准概述

国际碳足迹评价标准主要有国际标准化组织 ISO 系列标准、世界持续发展工商理事会(World Business Council for Sustainable Development, WBCSD)/世界资源研究所(World Resources Institute, WRI)发布的 GHG Protocol 系列标准和英国标准协会的协会标准 BSI (British Standards Institution)标准等。ISO 系列标准包括 ISO 14040、ISO 14044、ISO 14064 和 ISO 14065 等。其中 ISO 14040 和 ISO 14044 是方法类标准。ISO 14064 是组织(项目)碳足迹评价标准。ISO 14065 是对执行各标准最终结果进行审定和核查规定了一套程序和方法,以确保不同机构核定结果具有一致性。GHG Protocol 系列标准包括《GHG Protocol:企业核算与报告准则》《GHG Protocol:项目核算准则》《GHG Protocol：企业供应链范畴 3 核算和报告准则》和《GHG Protocol：产品生命周期核算与报告准则》；其中《GHG Protocol：企业核算与报告准则》《GHG Protocol：项目核算准则》《GHG 企业供应链范畴 3 核算和报告准则》适用于组织和项目层面，《GHG Protocol：产品生命周期核算与报告准则》适用于产品和服务层面。BSI 发布的标准有《PAS 2050 规范》。国际碳足迹相关标准见表 2-1。

表 2-1　国际碳足迹评价相关标准

地区/机构	标准、指引或规范名称	适用范围
世界持续发展工商理事会（WBCSD）/世界资源研究所（WRI）	GHG Protocol 温室气体议定书（The Greenhouse Gas Protocol）	企业（组织）、产品
ISO/TC 207	ISO 14064 温室气体盘查验证系列标准	企业（组织）
	ISO 14067	产品
英国	PAS 2050：2008 商品和服务在生命周期内的温室气体排放评价规范（Specification for the Assessment of the Life Cycle Greenhouse Gas Emissions of Goods and Services）	产品
日本	JIS TSQ 0010：2009 产品碳足迹评估与标示之一般原则（General Principles for The Assessment And Labeling of Carbon Footprint of Products）	产品

针对"碳足迹"的两种理解：一种是基于终端消耗的碳排放量；另一种是基于全生命周期的碳排放量，碳足迹评价国际间常用标准和规范也对应为两个层面：一个是组织与项目层面；一个是产品与服务层面，如图 2-1 所示。

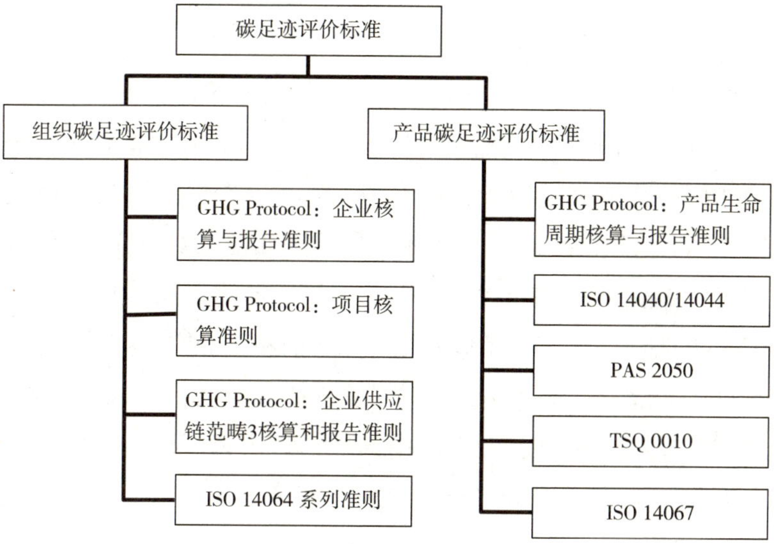

图 2-1 碳足迹评价标准

第二节 产品碳足迹的评价标准

自 2006 年国际标准化组织发布 ISO 14040/14044 以来,产品碳足迹评价标准有了迅速发展。英国标准协会于 2009 年发布了 PAS 2050 规范,日本于 2009 年发布了 TSQ 0010,2012 年,国际化标准组织又发行了 ISO 14067。这些标准中 PAS 2050 应用最为广泛。

表 2-2 产品碳足迹评价标准

计算层面	标准或规范名称	发布机构	发布时间	应用范围	核算方法
全生命周期碳排放	ISO 14040/14044	ISO	2006	产品、服务	建立数据库和模型,对产品/服务全生命周期碳排放进行评估
	PAS 2050	BSI	2008	产品、服务	
	TSQ 0010	日本政府	2009	产品、服务	
	ISO 14067	ISO	2013	产品、服务	

一、英国 PAS 2050 标准

（一）PAS 2050 基本内容

2008 年，英国标准协会（BSI）出版了 PAS 2050：2008《商品和服务在生命周期内的温室气体排放评价规范》（以下简称 PAS 2050）及其使用指南，该规范是由英国碳信托（Carbon Trust）和英国环境、食品和乡村事务部（Defra）联合发起，英国标准协会（BSI）为评价产品生命周期内温室气体排放而编制的一套公众可获取的规范。目前，最新版本的规范为 2011 年修订版，较之前发布的版本，修改了以下部分：明确了部分含糊不清的定义；考虑到首版发行以来认识理解上的优势；更好地反映组织机构使用标准的方式；鼓励更多地使用 PAS 2050 的方法学；调整 PAS 2050 方法学使其与其他国际公认的碳足迹方法学趋于一致。

目前，PAS 2050 在全球被企业广泛用于评价其商品和服务的温室气体排放，以帮助企业评价某种具体商品和服务的碳足迹。PAS 2050 是第一部全球使用统一的方法评价产品生命周期内温室气体排放的规范性文件，由来自学术界、商务、政府和非政府组织等利益相关者组成的正式磋商团和技术多样性工作组开发完成。该规范的计算方法已通过各个领域企业的验证。PAS 2050 以 ISO 14040 和 ISO 14044 标准所确立的生命周期评估方法为基础，明确规定了各种商品和服务的生命周期内温室气体排放的具体要求，并另外制定了针对温室气体评价的关键方面的原则和技术手段。

PAS 2050 中描述的方法可用于评价任何一类产品在其生命周期内的温室气体排放：

第一，从商业到消费者（Business-to-Customer：B2C）的各类商品，只要客户是终端用户。

第二，从商业到商业（Business-to-Business：B2B）的各类商品，只要客户是另一个商户，而该商户将该产品用作其自身各种活动的输入。

第三,服务既可属于 B2C 类,也可属于 B2B 类。

PAS 2050 的目的是使企业加强对产品生命周期中每个阶段产生的温室气体的控制,通过了解各个阶段的温室气体排放量,组织能确定在哪个阶段实施改进。因此,该规范可以在最广泛的应用领域得到使用,不管组织的地理位置如何,可适用于所有规模及行业领域的企业。目前,国际上多家企业已经尝试执行 PAS 2050。

PAS 2050 的评价程序分为产品碳足迹启动阶段、计算阶段和后续阶段

(二)PAS 2050 进行碳足迹评价的程序

1.选择产品

企业进行产品的碳足迹评价分析,首先需要选择产品。选择产品需考虑以下因素:哪些产品可能产生最大的温室气体减排? 哪些与公司的温室气体减排战略最为相关? 从竞争的角度看哪些产品最重要? 哪些品牌和产品最具有减排和市场营销的潜力? 供应商是否愿意参与? 碳足迹分析可能对关键的利益相关方产生什么影响? 有多少时间和资源可用于碳足迹分析?

2.确定功能单位

在选择产品后,最重要的事情是确定功能单位。一个功能单位反映了产品被最终用户实际消费的方式。如 250ml 的软饮料、1000hour 的灯光照明、一个晚上的酒店住宿等等。为了进行计算,功能单位可以被认为是某一特定产品的一个有意义的数量。在确定功能单位时,一定要考虑如下几个问题:客户认为他们所购买的是什么? 什么数量的服务具有代表性? 公司想用什么来进行碳足迹比较? 客户可能想用什么来进行比较?

3.供应商的参与

产品的碳足迹评价在数据收集时要考虑很多相关的碳信息,如谁是主要的供应商、零售商、废物管理公司等,它们可以提供什么信

息？它们如何愿意或支持该项目，如对于要求它们提供的信息是否存在商业敏感性？谁将为这种关系承担责任？

4.绘制过程图

根据产品和服务的种类不同，碳足迹评价模式有两种：一是从商业到消费者 B2C 评价：包括从原材料，通过制造、分销和零售，到消费者使用，以及最终处置和再生利用的整个过程的排放；二是从商业到商业 B2B 评价：B2B 的碳足迹停留在该产品被提供给另一个制造商的节点上。即只包括从原材料生产直到到达一个新的组织（包括分销和运输到客户所在地）产生的碳排放，而不包括额外的生产步骤、最终产品的分销、零售、消费者使用以及处置或再生利用产生的碳排放。

5.确定系统边界

确定系统边界就是要确定产品碳足迹评价的范围，即哪些生命周期阶段应该包含在评价范围内，哪些输入和输出应该包含在评价范围内。在确定系统边界时应遵循将产品单元中所有的实质性排放包含在内的总体原则。而对于边界内非实质性排放源（即不足碳足迹总量的 1% 的部分）、输入过程的人力、消费者到零售点的交通和动物提供的运输不予考虑。确定系统边界的同时，应在估值和预测确定各个排放源的实质性后，对所有实质性的排放源根据其排放量的大小确定一个优先次序，对那些排放量大的源要重点关注。

6.数据的收集

为了计算产品的碳足迹，必须考虑活动水平数据、排放因子数据和全球增温潜势（Global Warming Potential，GWP）。活动水平数据是指产品在生命周期中的所有的量化数据（包括物质的输入、输出，能量使用，交通等方面）。排放因子数据是指单位活动水平数据排放的温室气体数量。利用排放因子数据，可以将活动水平数据转化为温室气体排放量。如：电力的排放因子可表示为：CO_2e/kWh，燃油的排放因子可表示为：$CO_2e/$升燃料，石材的排放因子可表示为：$CO_2e/$吨石头。全球增温潜势是将单位质量的某种温室效应气体（GHG）在给定时间段内辐射强度的影响与等量二氧化碳辐射强度影响相关联的系数，如 CH_4（甲烷）的 GWP 值是 21。

7.碳足迹的计算

产品碳足迹为所有排放源的活动水平数据与其排放因子乘积之和。

排放源 $1:AD_1 \times EF_1 = CF_1$

排放源 $2:AD_2 \times EF_2 = CF_2$

……

排放源 $n:AD_n \times EF_n = CF_n$

其中，AD：活动水平数据，单位为质量、体积或能量单位等；EF：排放因子，每个功能单位的 CO_2 当量；CF：碳足迹，每个产品系统中的 CO_2 当量总数。

8.分配问题

产品的生产过程中有共生产品的情况下，必须对 GHG 的排放进行分配。在对副产品进行 GHG 排放分配时应按如下顺序使用分配方法：（1）将生产过程细分为若干子过程，每个子过程只有一项输出，然后根据质量输入或能量输入的比例对各个子过程的温室气体排放进行分配。（2）如果上述分配方法不可行，则该过程产生的 GHG 排放应按共生产品的经济价值比例在共生产品之间进行分配。

9.不确定性分析

进行产品碳足迹评价的不确定性分析可使产品间的比较结果及决策具有更高的可信度；判定数据收集的重点和非重点是否准确；可

以更好地认识碳足迹模型。如果通报结果,不确定性分析还可向内部和外部读者提供有关碳足迹的确凿性信息。通常不确定性来自供应链中某些数据的缺失和数据质量存在问题,如:不是特定的数据、数据来源不可靠等等。

10.编写报告

产品和服务碳足迹评价报告内容不仅包括碳足迹评价结果,还包括如下内容:产品介绍,系统边界,运行边界,内部数据收集系统说明,假定、排除及解释,其他支持信息(方法学、温室气体排放种类,不确定性分析和联系人等)。碳足迹评价报告要求尽量确保完整性、一致性、相关性和透明性。

二、ISO/CD 14067 产品碳足迹标准

(一)ISO/CD 14067 产品碳足迹标准制定背景

2007 年 11 月 ISO 环境管理技术委员会温室气体管理和相关活动分技术委员会(简称为 ISO/TC 207/SC7)成立后,开始酝酿制定温室气体管理方面的新标准。2008 年 1 月和 4 月,ISO/TC 207/SC7 委员会连续召开了两次会议,决定成立第二工作组(WG2),专门负责有关产品温室气体管理标准的制定。第一次会议中,工作组进行了价值或供应链温室气体排放管理(GHG management in the value or supply chain)新标准的目的和必要性研究,包含产品或组织相关的温室气体量化、报告与标示。在 2008 年 6 月哥伦比亚举办的 ISO/TC 207 第十五届年会上,SC7/WG2 根据会议讨论情况,将工作目标定位于制定产品碳足迹(ISO 14067)国际标准。2008 年 12 月发出 WD 版文件(工作小组草案版);而后 2010 年 3 月即发出 CD 版文件(委员会草案版),并于 2010 年 10 月发出委员会草案 2 版。经过一连串的讨论终于在 2011 年 12 月 23 日发出 ISO 14067 DIS 版文件(国际标准草案版)。2013 年,ISO 发布了国际技术规范 ISO/TS

14067:2013,在现有的国际标准和声明的基础上,提供了产品碳足迹量化的通信的要求、原则和指导方针。

(二)ISO 14067 标准的基本内容

ISO 14067《温室气体—产品的碳排放量—量化和信息交流的要求与指南》是 TC 207/SC7 即将正式公布的关于产品层次碳足迹评价与计算的国际标准,标准适用于商场或服务(统称产品),主要涉及的温室气体包括《京都议定书》规定的六种气体二氧化碳(CO_2)、甲烷(CH_4)、氧化亚氮(N_2O)、六氟化硫(SF_6)、全氟化碳($PFCs$)以及氢氟碳化物($HFCs$)外,也包含《蒙特利尔议定书》中管制的气体等,共 63 种气体。

ISO 14067 主要规定了产品层次的温室气体评价与计算程序、方法、原则与产品碳足迹报告等内容。根据规定的目的和范围,综合考虑清单分析情况和影响评价的发现,从而形成结论并提出建议。结果阐释阶段体现了碳足迹评价过程的完整性、精确性和一致性。通过碳足迹计算结果,可以进行重大排放源的鉴定,通过定量或定性的不确定性评估。此外,在结果阐释阶段,需报告碳足迹评价结果。生命周期温室气体排放的结果与结论应无偏差、完整并准确地报告给预期用户。结果、数据、方法、假设和限制条件应该透明化,并且充分翔实地加以介绍,使预期用户能够了解生命周期评价的复杂性。此外,该报告和结果阐释的应用均应与预期目的保持一致。

在名词定义方面,ISO/TS 14067:2013 和 PAS 2050:2011 相比,标准使用者熟知的一级活动数据及二级数据,进一步分为一级数据、特定场址数据及二级数据等共三类;产品类别规则细分成产品类别规则及产品碳足迹产品类别规则;土地利用变更划分为直接土地利用变更及非直接土地利用变更两类;报告形式依照报告的用途及揭露报告改为产品碳足迹研究报告、产品碳足迹沟通报告、产品碳足迹揭露报告及产品碳足迹绩效追踪报告等四类。整体而言,碳足迹的概念未因此发生重大性的变化,但对于使用者与一般民众而言,在对产品碳足迹的认知及理解上有了较为显著的改善。

目前 ISO 14067 标准包括两部分:第一部分为产品的碳足迹:定量;第二部分为产品的碳足迹:信息交流。ISO 14067 标准集合环境标志与宣告、商品生命周期分析、温室气体盘查等内容,可把商品碳足迹的 95% 都计算进去,是比较精密的版本。

三、日本 TSQ 0010-2009 标准

日本在 2009 年公告其碳足迹标准 TSQ 0010。根据《京都议定书》的约定,日本自 2008 年起进入第一承诺阶段,温室气体排放总量要在 1990 年的基础上削减 6%。为顺应减排的国际一区,日本内阁于 2008 年 7 月通过了《建立低碳社会行动方案》。方案对碳足迹制度作出了规划,提出 2008 年为计算排放量及其可信度和表示方法制定指南,并于 2009 年实行碳足迹制度的目标。因此日本经济产业省于 2009 年 4 月 20 日公布了 TSQ 0010《产品碳足迹评估和标签的通则》,该通则范围包括产品的整个生命周期,并且规定了碳足迹的计算方式和碳标识方法等内容。配合《碳足迹制度指导方针》和《PCR制定准则》等文件,日本多个产品陆续通过了"产品类别规则"(Product Category Rules,PCR)认证。该通则编制时参考了多个国家的环境标准和国际公约,并且随着技术的不断完善,该通则也会与国际标准不断协调。

TSQ 0010 标准包含五大部分:第一至第三部分为范围、参考规范、术语和定义,第四和第五部分为产品碳足迹的计算方法和标示方法,是 TSQ 0010 标准的核心内容。TSQ 0010 以"ISO 14040 环境管理—生命周期评估—原则和框架"为参考标准,适用于包括服务在

内的各类产品,是评估和标示产品碳足迹的总体原则。

(一)关键概念

1.产品碳足迹

TSQ 0010 定义的产品碳足迹(Carbon Footprint of Product,CFP)是指产品(或服务)在其从原材料获取直至废弃/再循环的整个生命周期过程中排放的温室气体总量,以 CO_2 当量来度量,如"100g CO_2-equivalents 或 100g CO_2e,即二氧化碳当量(Carbon Dioxide equivalent)"。

据 TSQ 0010,需要纳入产品碳足迹计算的温室气体包括《京都议定书》要求减排的六类温室气体,即二氧化碳(CO_2)、甲烷(CH_4)、氧化亚氮(N_2O)、氢氟碳化物(HFCs)、全氟碳化物(PFCs)以及六氟化硫(SF_6)。TSQ 0100 标准计算的产品碳足迹是以 CO_2 当量为单位的上述 6 种温室气体的总排放量。

2.生命周期评估

生命周期评估 LCA 是有关全面分析产品在其整个生命周期中的影响环境的方法论,适用于评估包括温室效应在内的所有环境影响,采用 ISO 14040/44 国际标准。TSQ 0010 采用生命周期评估的方法计算产品的碳足迹,就是将计算范围涵盖产品从原材料获取,到生产、分销/销售、使用/维护,直至处置/再循环各个阶段的全部生命周期过程,计算产品生命周期过程内各个阶段的能源使用、资源消耗、污染物排放等输入、输出过程和活动所排放的温室气体排放量,以此来评估其对气候变化造成的影响。

3.系统边界和产品类别规则

以 LCA 方法论来计算产品碳足迹,需要界定生命周期各阶段中哪些具体的过程和活动、输入与输出应作为计算的对象,也就是要确定产品碳足迹评估的"系统边界"。

系统边界为产品碳足迹计算设定了范围,规定了某一"产品系统"（product system）中哪些"单元过程"（unit process）应纳入生命周期评估。由于不同类别产品的生命周期及环境影响各不相同,需要针对同一类别的产品制定具体的规则,国际上称之为"产品类别规则"（Product Category Rules,PCR）。产品类别规则为定义系统边界提供了依据,也使得基于生命周期评估得出的同一类别产品的碳足迹具有可比性。目前,国际上已制定了部分产品类别的PCR,但其包含的类别数量仍然有限。TSQ 0010标准要求产品碳足迹的计算需以PCR为基础,因此起草各类产品的PCR成为日本建立碳足迹体系的重要工作内容之一。

（二）产品碳足迹计算

根据TSQ 0010,产品碳足迹计算就是把产品生命周期中每一过程的所有量化数据（称为"活动数据"）以下列公式计算出温室气体排放量并加总。

$$温室气体排放量 = \sum（活动 i \times 温室气体排放因子）$$

公式中,i代表某一过程,"活动"可理解为由计算碳足迹的组织（企业）识别出的包括物料的输入输出、能源的使用、运输等在内的单元过程,组织（企业）负责收集活动的实际量化数据（如生产所消耗的物料、电力等）或基于假设情形得到活动数据（如产品使用或回收阶段消耗的电力等）。TSQ 0010规定,一般情况下,组织（企业）应采用初级数据（即组织（企业）内部直接测量搜集的数据）作为活动数据,只有在初级数据难以获得时,才可采用二级数据（组织（企业）引用的外部通用数据、参考数据和其他LCA研究数据）。"温室气体排放因子"是单位活动数据排放的温室气体量,例如电力的排放因子可表示为CO_2e/kWh。在甄选排放因子时,应选择具有可靠性和通用性、数据面广且更新及时的数据库,因此宜选用政府已建立的排放因子数据库作为排放因子的来源。TSQ 0010要求,在不采用通用数据作为排放因子时,组织（企业）

必须证明其合理性。

(三)产品碳足迹标识

建立碳足迹体系的重要目标之一就是使碳信息"可视化",使消费者能够获取关于产品碳排放的正确信息,并通过消费者的选择和评价来促使企业进行碳减排,实现社会的低碳化转型。通过加贴碳标签的形式向公众传达产品碳足迹评估的结果是碳信息"可视化"的主要途径。

TSQ 0010 对产品碳足迹的标识制定了基本规则和可选行动。TSQ 0010 关于产品碳足迹标示的基本规则主要包括三个方面:其一,原则上应把全生命周期的碳排放量标示在每一个产品上;碳排放的单位应为"克 CO_2 当量(g CO_2-equivalents)","千克 CO_2 当量(kg CO_2-equivalents)"和"吨 CO_2 当量(tCO_2-equivalents)",而实际标识单位应为"克(g)","千克(kg)"和"吨(t)"。考虑到地区(两个或更多生产地点)差异和季节差异,为节约成本和避免消费者混淆,同一类产品应标示其碳排放的平均值。其二,标示产品碳足迹的组织(企业)应不断减少碳排放,但不强制规定其减排的具体数字目标。若组织(企业)有意愿向消费者宣告其具体减排目标,可授权使用附加和可选标识,同时考虑授权达成目标的企业加贴额外可选标识。其三,应审慎制定标签规则,采用统一标签,标签上需标示产品碳排放的绝对数值;标签应便于消费者理解和比较,组织(企业)应通过互联网等其他途径公开产品碳足迹的详细信息;一般来说,碳标签应加贴在产品或其包装上面,除此之外,组织(企业)还可以选择将其用在网站、宣传册、环境报告、价签和二维码上等等;从有效吸引消费者和方便企业两方面出发,应制定关于碳标签的位置和大小的确定规则,也要根据产品大小建立相应标准。为了更有效地实施碳减排,TSQ 0010 也允许组织(企业)在某些情况下灵活对待碳标示基本规则,采取可选行动,如在碳标签上标示减排率,标示不同过程(阶段)的碳排放,提示不同使用方式的减排效果等等。对于在使用过程中排放大量温室气体的家电等耐用消费品,TSQ 0010 允许组织(企业)标示产品使用寿命、每使用 1 年所排放的 CO_2 当量等额外信息。

第三节　组织碳足迹的评价标准

企业或组织的碳足迹评价通常又被称为碳盘查,是指在定义的空间和时间边界内进行碳足迹量化的过程。碳盘查的结果可以是只关注于温室气体排放源和信息的碳排放清单,也可以是一份完整的碳盘查报告用以公开碳排放。目前国内外使用最广泛的组织碳盘查标准是世界资源研究所(WRI)和世界可持续发展工商理事会(WBCSD)发布的《温室气体议定书企业准则》(GHG Protocol)和 ISO 14064 系列标准。

一、温室气体议定书(GHG Protocol)

GHG Protocol,又称"温室气体议定书",是一项由世界资源研究所(WRI)和世界可持续发展工商理事会(WBCSD)经过长达 10 年合作,集合全世界商界、政府界、环保团体共 170 余个跨国组织的力量,创建的一个权威的、有影响力的温室气体排放核算项目。

议定书提供几乎所有的温室气体度量标准和项目的计算框架,于 2002 年正式发布。议定书内容主要包括两部分(见表 2-3):(1)温室气体议定书企业核算与报告准则,为一套步骤式指南,协助公司量化及报告温室气体排放量;(2)温室气体议定书项目量化准则,为一份量化温室气体削减计划减量值的指南。这份议定书同时成为国际标准化组织 ISO 编制 ISO 14064(2006)的基础。

表 2-3　温室气体议定书的组成

序号	名　称	说　明
1	GHG 议定书企业核算与报告准则	该文件分步指导公司确定与报告 GHG 排放
2	GHG 议定书项目量化准则	指导项目量化 GHG 削减计划减量值

温室气体议定书第一部分《温室气体议定书企业核算与报告准则》，针对企业提供了温室气体排放盘查的标准和指导。它包含了 4 个相互关联的标准：企业碳盘查与报告标准、项目碳盘查标准与指南、企业价值链碳盘查与报告标准、产品全周期碳盘查与报告标准。现在已被多个国际性企业集团等进行节能减排行动采用。

企业碳盘查及报告标准为企业或其他组织提供了碳盘查的标准和指南。它能够通过标准化的原则和方法，真实而公平地反映公司的温室气体排放。同时能帮助公司简化碳盘查的过程从而相应地降低成本。多家公司在应用该标准进行碳盘查及报告的过程中能保证不同公司结果的一致性与透明度。

项目碳盘查标准与指南是一套用以对碳减排项目进行量化与报告的标准。它着重对两类常见的项目，土地利用、土地利用变化及森林项目（Land Use，Land Use Change and Forestry）及与电网相连接的发电减排项目进行分析。企业价值链碳盘查与报告标准可以帮助企业对产品整个价值链的温室气体排放进行评估并且识别。

企业价值链碳盘查与报告标准可以帮助企业对产品整个价值链的温室气体排放进行评估并且识别出减排的有效途径。通常，大部分企业的排放来自范畴 3 包含的排放源，这也意味着企业对这些排放无法控制。企业价值链碳盘查与报告标准考虑了范畴 3 内 15 个行业上下游的活动。该标准同时还支持产品的供应方与消费者在价值链内共同应对气候变化的影响。

产品全周期碳盘查与报告标准用于了解产品全生命周期内的排放以及帮助发现温室气体减排的机会。企业通过使用这一标准,可以测量产品从原材料、制造、运输、存储、使用及废弃整个过程中的温室气体排放。

温室气体议定书标准范围涵盖京都议定书中的六种温室气体,并将排放源分为三种不同范围,即直接排放、间接排放和其他间接排放,避免了大范围重复计算的问题,为企业、项目提供温室气体核算的标准化方法,从而降低了核算成本;同时为企业和组织参与自愿性或强制性碳减排机制提供基础数据。

二、ISO 14064 系列标准

为规范温室气体的盘查过程,2006 年国际标准化组织(ISO)发布温室气体管理的 ISO 14064 系列标准,该标准包括三部分(见表 2-4)。

表 2-4 ISO 14064 系列标准概况

标准号	名　称	说　明
ISO 14064-1:2006	GHG 第一部分:在组织层面 GHG 排放和移除的量化和报告指南性规范	详细规定了在组织(或公司)层次上 GHG 清单的设计、制定、管理和报告的原则和要求,包括确定 GHG 排放边界、量化 GHG 的排放和清除以及识别公司改善 GHG 管理具体措施或活动等方面的要求
ISO 14064-2:2006	GHG 第二部分:在项目层面 GHG 排放减量和移除增量的量化、监测和报告指南性规范	针对专门用来减少 GHG 排放或增加 GHG 清除的项目(或基于项目的活动)。它包括确定项目的基准线情景及对照基准线情景进行监测、量化和报告的原则和要求,并提供进行 GHG 项目审定和核查的基础

续表

标准号	名　称	说　明
ISO 14064-3：2006	GHG 第三部分：有关 GHG 声明审定和核证指南性规范	详细规定了 GHG 排放清单核查及 GHG 项目审定或核查的原则和要求，说明了 GHG 的审定和核查过程，并规定了其具体内容，如审定或核查的计划、评价程序以及对组织或项目的 GHG 声明评估等

第一部分：ISO 14064-1《组织的温室气体排放和消减的量化、监测和报告规范》，详细规定了在组织（或企业）层次上 GHG 清单的设计、制定、管理和报告的原则和要求，包括确定 GHG 排放边界、量化 GHG 的排放和清除以及识别企业改善 GHG 管理措施或活动等方面的要求。

第二部分：ISO 14064-2《项目的温室气体排放和消减的量化、监测和报告规范》，针对专门用来减少 GHG 排放或增加 GHG 清除的项目（或基于项目的活动），给出项目的基准线情景及对照基准线情景进行监测、量化和报告的原则和要求，并提供 GHG 项目审定和核查的基础。

第三部分：ISO 14064-3《温室气体声明验证和确认指导规范》，详细规定了 GHG 排放清单核查及 GHG 项目审定或核查的原则和要求，说明 GHG 的审定和核查过程，并规定具体内容。

ISO 14064 系列标准中，14064-1 详细规定了在组织（或公司）层次上 GHG 清单的设计、制定、管理和报告的原则和要求，主要针对组织某个时间段 GHG 排放的计算。14064-2 确定项目的基准线情景及对照基准线情景进行监测、量化和报告的原则和要求，并提供进行 GHG 项目审定和核查的基础，针对 GHG 清除的审定评估数据和核查历史数据。14064-1 与 14064-2 的结合点是目标用户所需的保证等级，即目标用户评估的程度。14064-3 详细规定了 GHG 排放清单核查及 GHG 项目审定或核查的原则和要求,说明了 GHG 的审定和核查过程,针对组织或独立机构可根据该标准对 GHG 声明进行审定或核查(见图 2-2)。

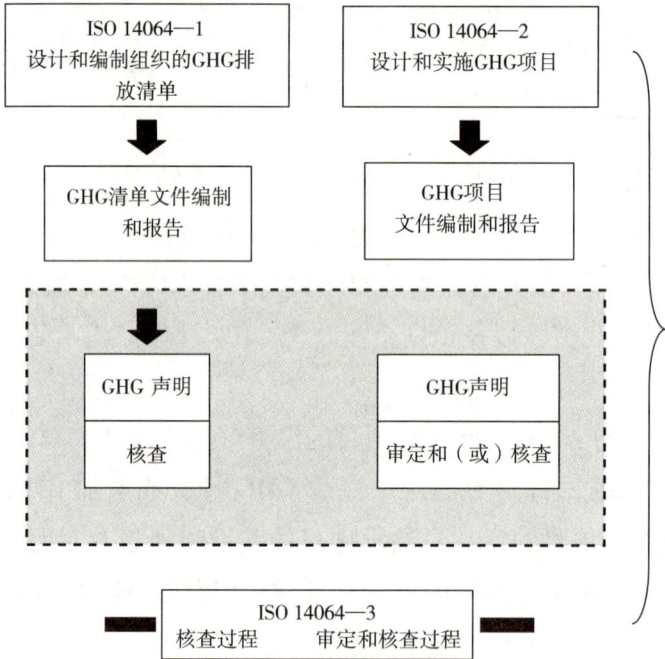

图 2-2 ISO 14064 系列标准

三、组织碳足迹标准——温室气体议定书和 ISO 14064 的比较

温室气体议定书标准中企业核算与报告准则、项目核算准则、企业供应链范畴 3 核算和报告准则与 ISO 14064 系列标准主要应用于组织和项目层面,我们从适用范围、制定机构、国际认可度、主要内容、配套工具五个方面对 GHG Protocol 和 ISO 14064 系列标准进行比较,见表 2-5。

表 2-5 GHG Protocol 与 ISO 14064 比较

	GHG Protocol	ISO 14064
使用范围	组织和项目层面	组织和项目层面
制定机构	各国政府机构、研究单位、企业以及个人等多方参与	由国际标准化组织进行开发
国际认可	主要在发达国家和地区尤其是美洲地区得到更多承认和认可	主要在发展中国家和部分欧洲国家得到更多承认和认可
主要内容	包括"要求"与"指南"两部分。其中"要求"列出满足标准所需达成的条件，而"指导"则就如何达成这些条件给出非常具体的建议。	主要强调标准要求，对于如何达成要求仅给出一般性指导意见
获取途径	所有的相关标准、行业指南、计算工具等都可以在 GHG 议定书的网站上免费下载	需要向国际标准化组织购买后才能使用
配套工具	提供配套的 GHG 计算工具和指南，包括固定燃烧计算工具、移动燃烧计算工具、外购电力计算工具等。此外 GHG 议定书拥有系列的行业配套标准、指南和工具	没有配套的 GHG 计算工具和行业配套标准和工具

从表 2-5 可以看出，一些环保要求高的国家和地区对组织和项目进行 GHG 核算时，更倾向于采用温室气体议定书标准，因为温室气体议定书标准是各国政府机构、研究单位、企业以及个人等多方利益相关方参与制定。ISO 14064 系列标准则是建立在温室气体议定书标准体系之上，它的建立进一步支持和推广了温室气体议定书标准的应用。

在主要内容方面，温室气体议定书标准包括"要求"和"指南"两部分。其中"要求"列出了满足标准所需达成的条件，而"指导"就如何达成这些条件给出了十分具体的建议。ISO 14064 系列标准强调的是标准的要求，对于如何达成这些要求仅给出了一般性的指导意见。其二者都是针对组织和项目层面碳足迹评价的组织碳足迹评价标准。

温室气体议定书是由美国的环境非政府组织世界资源研究所

（WRI）与设在日内瓦的170家国际公司组成的世界可持续发展工商理事会（WBCSD）主持开发，由企业界、非政府组织、政府等多方利益相关团体共同制定。宗旨是开发一套国际认可的企业GHG核算与报告准则，并可以在企业与组织间推广使用。ISO 16064是由国际标准化组织ISO制定，并在一定程度上是对温室气体议定书的延续和发展。

温室气体议定书与ISO 14064的国际认可度是有区别的。温室气体议定书主要在发达国家和地区尤其是美洲地区得到更多承认和认可，而ISO 14064主要在发展中国家和部分欧洲国家得到更多承认和认可。

温室气体议定书提供配套的温室气体计算工具和指南，包括固定燃烧计算工具、移动燃烧计算工具、外购电力计算工具等。此外GHG议定书拥有系列的行业配套标准、指南和工具。ISO 14064主要强调标准要求，对于如何达成要求仅给出一般性指导意见，没有配套的GHG计算工具和行业配套标准和工具。

第三章　服装企业组织碳盘查的方法和评价

　　碳盘查可分为组织、项目、产品和区域四种类型。组织碳盘查是指整个公司的排放量，项目碳盘查是指清洁发展机制（Clean Development Mechanism，CDM）项目排放量。对于组织，透过碳盘查过程，可建立碳排放基线数据，支持减排措施和目标的确定。也可通过碳盘查，衡量减排活动的效果，使得低碳化行动获得数据支持。对于产品，通过进行产品碳盘查，可将产品整个寿命过程的碳排放进行量化，最终实现产品的碳标签（生态标签）目标。

　　美国政府自 1990 年起，每年都监测、统计并公布全国的温室气体排放量。根据 2012 年 4 月 16 日美国环保署发布的报告，2010 年美国温室气体的总排放量为 68.2 亿吨二氧化碳当量，高于 2009 年的 66.1 亿吨，但仍低于 2007 年的 72.5 亿吨。2012 年 4 月 13 日，日本环境省也公布了日本 2010 年的温室气体排放总量为 12.58 亿吨二氧化碳当量。根据碳披露计划 2011 年报告，世界 500 强企业中，404 家开展了碳盘查的工作。

第一节　碳盘查的国际通行标准

一、企业碳盘查标准

　　目前国际上碳盘查通行的标准主要有三个：温室气体核算标准

（GHG Protocol）、ISO 14064 系列标准及 PAS 2050 标准，在我国目前 ISO 14064 系列标准应用较为广泛。

本书着重讨论 ISO 14064 系列标准，该标准由国际标准化组织（ISO）于 2006 年 3 月发布，共包含 3 个部分：ISO 14064-1，ISO 14064-2 和 ISO 14064-3。ISO 14064-1 详细规定了在组织（或公司）层次上 GHG 清单的设计、开发、管理和报告的原则和要求，包括确定 GHG 排放边界、量化 GHG 的排放和清除，以及识别公司改善管理具体措施或活动等方面的要求。此外，该标准还包括对清单的质量管理、报告、内部审核、组织在核查活动中的职责等方面的要求和指导。ISO 14064-2 针对专门用来减少排放量或增加 GHG 清除的项目（或基于项目的活动）。它包括确定项目的基准线情景及对照基准线情景进行相关的监测、量化和报告的原则及要求，并提供进行 GHG 项目审定和核查的基础。ISO 14064-3 详细规定了 GHG 排放清单核查及 UHU 项目审定或核查的原则和要求，说明了 UHU 的审定和核查过程，并规定了其具体内容，如审定或核查的计划、评价程序以及对组织或项目的 UHU 声明评估等。组织或独立机构可根据该标准对 GHG 声明进行审定或核查。

2007 年 4 月，国际标准化组织发布 ISO 14065 标准，该标准作为对 ISO 14064 标准的补充，是一个对使用 ISO 14064 或其他相关标准从事 UHU 审定和核查的组织和独立机构的规范及指南。

二、企业碳盘查流程

企业的碳排放管理是一个循序渐进的过程，摸清企业自身的碳排放情况，即量化和报告企业的温室气体排放，是企业开展碳排放管理的基础环节。根据 ISO 14064-1 和 ISO 14064-2 标准，企业碳盘查重点内容主要包括合理确定边界，了解企业生产工艺流程，认定排放源，编制温室气体清单，在保证质量的前提下完成盘查报告。其中,最重要的内容是确定项目排放源。项目排放源包括三类:直接温室气体排放、使用能源间接温室气体排放、其他温室气体排放。直接温室气体排放指的是企业消耗的能源,比如煤炭、石油、天然气所产生的温室气体排放;使用能源间接温室气体排放指的是企业外购电力或者蒸汽产生的排放;其他温室气体排放,包括员工通勤、商务飞行等产生的温室气体排放。

企业碳盘查与碳核查具体实施流程见表3-1,根据 ISO 14064-3 和 ISO 14065 标准对 GHG 排放清单核查的要求,一般选取第三方认证机构对企业碳盘查进行审核,SGS 公司、挪威船级社、TUV 南德、TUV 莱茵、法国必维等国际认证业巨头和中国质量认证中心(China Quality Certification,CQC)等本土认证机构均在近年启动了碳盘查认证业务。

表 3-1　企业碳盘查实施流程

序号	项目内容	实　施　流　程
1	碳盘查边界的设定	界定组织边界;实现对运营边界三个范畴的界定;根据温室气体管理方案和企业自身的管理目标确定碳盘查的范畴
2	基准年的设定	选择并设定基准年,完成基准年的温室气体清单,并在特殊情况下,设定基准年的再计算程序
3	温室气体排放源的认定与鉴别	由熟悉设备设施、工艺反应和使用物料的专家对企业运营边界内产生6种温室气体的排放源进行调查和识别
4	温室气体量化计算	在完成排放源的定性调查后,针对已识别的排放源逐一进行量化计算,量化的方法有直接监测法、质量平衡法和排放系数法等;不同计算方法的精度、所需成本与运作难度不同,可根据企业自身情况与实际需求选择
5	GHG 清单的编制	对各种排放源类别以及总排放量等数据进行汇总,利用相关工具建立企业温室气体盘查数据系统,作为企业公开内部温室气体排放信息的依据;通过设定相应排放因子,计算出每种温室气体的直接排放量;温室气体移除量;能源间接温室气体排放量;其他间接温室气体排放量,并形成温室气体排放清单

序号	项目内容	实 施 流 程
6	数据与信息品质管理	协助企业建立并维持温室气体信息管理程序,进行不确定性评估,确保其与相关温室气体盘查原则与标准的吻合性;保留并维持温室气体盘查清单的设计、发展与维持的佐证文件,以便进行查证
7	盘查报告书的制作	完成排查并形成盘查清单后,将企业整体盘查过程与步骤予以文件化进行管理,制作符合 ISO 14064-1 标准的盘查报告书
8	内部查证与高层评审	确认温室气体排放源,确认排放计算结果,协助高层评审,达到持续改善目标;由管理层根据整体盘查结果与内外形象变化,评估是否达成持续改进的承诺
9	外部查证(必要时)	依据 ISO 14064-3 标准的要求事项,选取第三方审核机构对温室气体排放量进行公证与客观的评审,以期获得温室气体排放的证明

第二节　企业组织碳盘查的方法

不同的核算标准体系,对碳盘查报告的格式和内容要求各异,但是,实施碳盘查工作的主要内容和方法大体一致,具体来看,碳盘查的具体方法包括以下几个步骤。

一、确定组织边界

确定组织边界是指确定碳盘查所涉及的设施,包括温室气体的源和汇。组织需要采用以下两种方法中的一种来确定组织边界。

(一)基于股权比例

股权比例反映了经济上的利益,是组织从设施上所获取的利益及风险的权利范围。在合资企业中,需要确定每个设施都采用了适当的股权分配比例。

(二)基于实际控制

采用控制法时,对该组织所控制的设施的温室气体排放/减排

100%记为该组织的排放/减排。如果对某一设施拥有分配利益权而无控制权,则不认可该设施的温室气体排放/减排。实际操作过程中,控制权又可分为运营控制与财务控制。

由于选择不同的方法确定组织边界时会导致碳盘查结果的差异,因此,组织在确定组织边界时应考虑碳盘查所采用的标准、碳交易体系的要求以及与财务报告或企业社会责任报告等相一致的因素。例如,在合资企业中,股东 A 公司采用了股权比例法,股东 B 公司却采用了实际控制法,这将导致碳盘查的结果出现重复计算的问题,这对于企业社会责任报告等自愿性的公开报告而言没有影响,但是在碳交易体系或政府强制减排的报告中是必须避免的。表述组织边界的方法一经确定,不应更改。

二、设定运营边界

在确定了组织边界之后,组织需要定义运营边界,这包括辨识与运营有关的排放,以直接和间接的排放予以分类,并确定需要量化哪些间接排放。

组织内拥有或控制的设施产生的温室气体排放/减排被称为直接温室气体排放/减排,通常也称为范畴1(Scope 1)。例如企业的锅炉产生的 CO_2 排放,冶金过程中使用的保护气体 SF_6 的排放或办公楼内灭火器、空调等设施产生的温室气体排放。

组织消耗的由组织边界外提供的电力、热力或蒸汽的生产所产生的间接温室气体排放被称为间接能源排放,通常也称为范畴2(Scope 2)。

范畴3(Scope 3)是指其他间接排放,即除范畴 2 之外其他所有间接的温室气体排放/减排。范畴 3 排放是本组织作业活动的结果,但是产生自本组织以外的排放源。例如,外购燃料的开采和生产、外购原材料的运输或外包服务。

需要特别说明的是范畴 3 的排放通常不是强制包含在碳盘查的

范围内的。是否计量范畴3排放取决于:相较于范畴1和范畴2,范畴3的排放量较大,而且主要的利益相关方(客户、供应商、投资人或社会公众)认为范畴3的排放较为重要;范畴3包含潜在的减排机会并可由组织来掌控。例如,某物流公司,在各地的运输都由当地的汽车租赁公司外包,因此,该物流公司的排放主要都是范畴3的排放,所以必须被计量。

三、确定基准年

碳盘查的组织应确定温室气体排放/减排的基准年,以该年的排放量作为基准值。基准年的确定对于计算温室气体减排量至关重要。在确定基准年时,组织应该考虑:

第一是选取典型年或多年平均值。第二是基准年的排放/减排数据可核查;第三是在没有历史数据时,可以选取编制第一份温室气体清单时的当年为基准年。

基准年可以变更,并且在特殊情况下,组织还要考虑设定基准年的再计算程序,需要启动基准年再计算的情况包括:运营边界的改变;温室气体源或温室气体的所有权与控制权移入或移出组织边界;温室气体量化方法改变,导致温室气体排放量或移除量产生显著改变。

四、识别排放源

ISO 14064规定需要对6种温室气体进行盘查,包括二氧化碳(CO_2)、甲烷(CH_4)、氧化亚氮(N_2O)、氢氟碳化物(HFCs)和全氟碳化物(PFCs)。在进行温室气体排放源的识别时应选择熟悉组织设备设施、工艺反应和使用资源的人员来进行。温室气体排放一般来自以下的排放源类别。

固定燃烧:指固定式设备的燃料燃烧,如锅炉、熔炉、焚化炉引擎及燃烧塔等;

移动燃烧：指交通工具的燃料燃烧，包括汽车、火车、船舶及飞机等；

过程排放：指物理或化学过程中的排放，例如来自水泥生产的煅烧过程中排放的 CO_2。炼铝过程中的 PFCs 排放及光伏电池蚀刻过程中的 NF_3 排放；

散逸排放：指故意或无意的释放，例如从接头、密封处泄漏的温室气体或从废水污泥中释放的温室气体。

五、确定排放量量化方法

温室气体种类较多，为了能客观量化温室气体的排放量，可采用温室气体潜势值（GWP）。GWP 是一种物质产生温室效应的一个指数。GWP 是在一定时间框架内，各种温室气体的温室效应对应于相同效应的二氧化碳的质量。各主要温室气体的 GWP 值见表 3-2。

表 3-2　温室气体的 GWP 值

气体名称	特定时间内的温室气体潜势值		
	20 年	50 年	100 年
二氧化碳（CO_2）	1	1	1
甲烷（CH_4）	72	25	7.6
氧化亚氮（N_2O）	289	298	153
二氟一氯甲烷（$CHClF_2$）	5160	1810	549
四氟化碳（CF_4）	5120	7390	11200
六氟化硫（SF_6）	16300	22800	32600
三氟化氮（NF_3）	12300	17200	20700

资料来源：根据 IPCC 评估报告数据整理。

二氧化碳的 GWP 值为 1，在碳计量的计算中一般选取 100 年相对应的 GWP 值来计算温室气体的二氧化碳当量。

在完成排放源的定性调查后，就可以针对识别的排放源逐一进行量化计算,量化的方法有直接监测法、质量平衡法和排放系数法。

直接测量法:对于温室气体排放,最直观的量化方法就是直接监测气体的浓度和流量,从而获得气体排放的数据,但直接测量通常较为昂贵。

排放系数法:很多情况下可以通过燃料的使用情况来确定排放系数,再以排放系数的换算来正确计算温室气体排放量。常用的排放系数包括国家发改委每年公布的电力系统排放因子、IPCC公布的燃煤排放系数等。

质量平衡法:通过监测一个过程输入与输出的物质的碳含量与成分,可以计算出过程中排放的 CO_2。但由于测量物质的成分和碳含量比较困难,一般工业过程中也较少使用质量平衡法。

前两种是相对精确的计算方案,但是需要安装精密的测量设备和复杂的数据采集系统,对很多中小型企业从成本和实际运作上都难以采用。目前非常好的是联合国政府间气候变化专门委员会(IPCC)组织和温室气体协定(GHG Protocol)开发的通用和相关行业专用的排放系数的计算工具。

完成所有排放源的计算方法选择和数据收集之后,组织可设置整个温室气体盘查清单。温室气体盘查清单应包含:每种温室气体的直接温室气体排放量,温室气体移除量,能源间接温室气体排放量,其他间接温室气体排放量,源自生物质燃烧的直接 CO_2 排放量。

六、估算的不确定性

大部分温室气体或其他污染物的排放数据均是在某种误差预估的范围内确定的,因此为了使不同组织确定的排放量数据具有可比性,需要对不确定性的估算作出规范。

与碳盘查相关的不确定性广义上可分为"科学的不确定性"(scientific uncertainty)与"估算的不确定性"(estimation uncertainty)。

前者源于实际的排放/减排过程中一些科学尚未完全了解的情况,这超越了大部分组织在进行碳盘查时的能力,一般不予考虑。

估算的不确定性源于温室气体排放量的量化过程,所有的相关计算都有这类不确定性。它还被进一步区分为模型的不确定性和参数的不确定性。组织在考虑模型及参数的不确定性时应当根据不同的排放标准和体系做相应的调整,在没有标准和体系的相关要求时(例如企业社会责任报告的过程中),企业可以根据自身能力适当地选择不确定性的等级。

另外,在通常的盘查过程中,由于范畴3的排放属于间接排放,不受组织自身的控制,因此,范畴3排放的不确定性等级可以比范畴1和范畴2排放的不确定性等级低一些。

第三节　组织碳盘查在服装企业的应用

本节将以北京一家从事衬衫定制的电子商务公司作为研究对象,应用 ISO 14064 碳盘查的方法和程序,对其在2012年3月至8月的碳排放进行盘查,并对服装企业组织碳盘查的方法加以说明。我们将在上一节介绍碳盘查的方法和程序的基础上,对该公司的碳盘查以案例的形式与前部分的方法和程序结合起来。

一、边界设定和时间段设定

边界设定包括组织边界的设定和运行边界的设定。组织可能拥有一个或多个设施。设施层次上的 GHG 排放或清除可能发生在一个或多个 GHG 源或汇。

(一)组织边界的设定

组织边界主要是从企业集团的角度着眼,涵盖旗下子公司、转投资公司、合资企业等各项拥有公司权益的独立法人或非法人机构,并确定企业拥有哪些生产设施、办公设施和场所等。组织边界由组织或企业自己决定,在清单和报告中说明清楚即可。组织边界的常见表达方式包括:组织架构图、厂区平面图、设施位置图及文字表述或申明等。原则上,归属于本组织的设施,不能排除在外,否则属于"完整性"缺失。

本书分析的衬衫定制公司有两个办公地点,其一是位于北京的运营中心,其二是位于河北廊坊的生产中心。运营中心包括财务部、开发部、销售部、营销部、样品车间、人事部以及采购部;生产中心包括制单组、裁减组、缝纫组、包装组以及物流组。除了以上两个中心之外,公司在北京、上海、长沙、长春和重庆五地有定制体验店。该公司的组织架构图见图3-1。

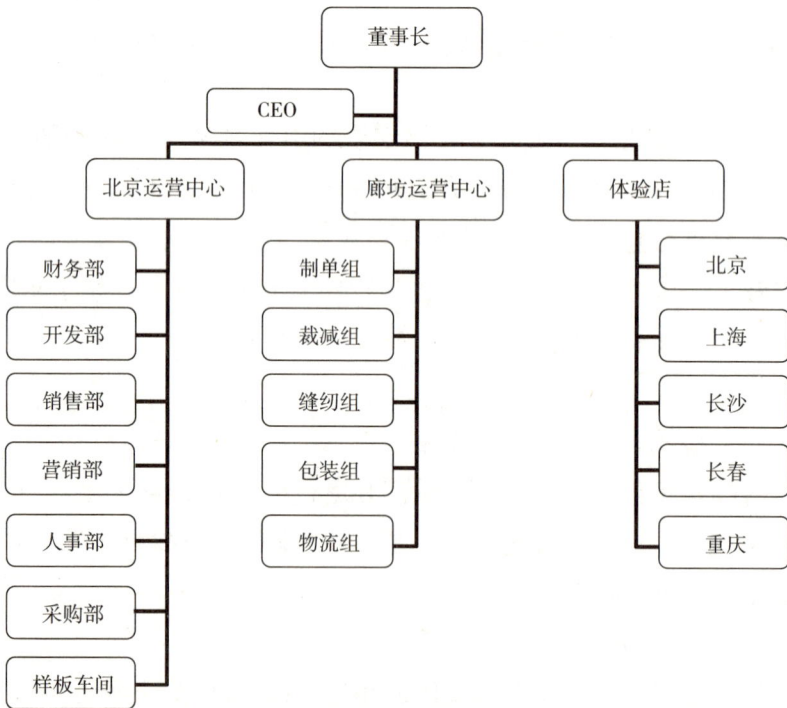

图3-1 公司组织架构图

定义该公司组织边界范围为北京运营中心办公楼、廊坊生产中心厂房及宿舍,由于食堂外包,不将其划分在公司组织内部。

(二)运行边界的设定

组织应确定运行边界并形成文件。确定运行边界包括识别与组织的运行有关的 GHG 排放和清除,按直接排放、能源间接排放和其他间接排放进行分类。其中包括选择哪些需要量化和报告的其他间接排放。如果运行边界发生变化,组织应作出解释。为帮助描绘直接与间接排放源,增进透明度,《GHG Protocol 排放核算与报告准则》将其定义为三种范畴(Scope)。ISO 14064 沿用之。在三种范畴中,组织必须分开计算与报告范畴 1 及范畴 2 的温室气体排放,由于范畴 3 的操作性较差,可选择性地进行量化与报告。

表3-3　温室气体排放范畴

范畴	排放类别	排　放　内　容	
Scope 1	直接排放	固定燃烧	化石燃料、生物质燃料燃烧产生的排放
		移动燃烧	拥有控制权的运输工具产生的排放
		制程排放	来自生产过程的排放,例如制氢过程产生的二氧化碳
		逸散排放	一般来自装备泄漏,例如阀门、井盖、污水池等
Scope 2	能源间接排放	组织所消耗的外部电力、热、蒸汽的生产所引起的排放	
Scope 3	其他温室气体排放	因组织活动引起的,而被其他组织拥有或控制的 GHG 源所产生的 GHG 排放,但不包括能源间接排放	

根据组织边界和运营边界的确定,根据三种范畴的规定,识别和确定排放源。该公司固定排放源包括锅炉等;制程排放源包括裁床、压衬机、缝纫设备、整烫设备等;运输排放源包括厂内机械车辆、公务车;逸散排放源包括空调设备冷媒、化粪池、灭火器等;以上所述全部属于直接排放。对于所有用电设施的用电排放,则属于能源间接排放范畴,如图 3-2。

```
                          ┌──────────┐
                          │  直接排放  │
                          └──────────┘
        ┌──────────────────────┼──────────────────────┐
┌──────────────┐      ┌──────────┐          ┌──────────────────┐
│ CO₂、CH₄、N₂O、│      │   CO₂    │          │ CO₂、NH₄、N₂O     │
│ HFCs、SF₆     │      └──────────┘          └──────────────────┘
└──────────────┘           ↑                         ↑
       ↑              ┌──────────┐          ┌──────────────┐
       │              │  衬衫制程  │          │    锅炉       │
       │              └──────────┘          └──────────────┘
┌────────────────┐                          ┌──────────────┐
│  各类逸散源      │                          │  公司机动车    │
│ 冷媒、灭火器、化粪池等│                      └──────────────┘
└────────────────┘
                    ┌──────────────┐
                    │   用电设施     │
                    └──────────────┘
                            ↕
┌──────────────┐    ┌──────────┐   ┌──────────────────┐
│  能源间接排放   │◄──►│ 华北电力  │   │ CO₂、NH₄、N₂O     │
└──────────────┘    └──────────┘   └──────────────────┘
```

图 3-2　运行边界示意图

(三) 覆盖时间段设定

一次温室气体盘查活动是针对一个特定的历史时段,不能盘查未来。一般是以一整年为单位,也可以以其他时间跨度,建议选取自然年为基准年。

在本书的论述中,选取了 2012 年 3 月至 8 月这六个月的时间作为盘查时间段。

二、确定量化方法、收集甄选排放因子

不同排放源的量化方法有多种,例如对于汽车燃油的排放量化,就有车公里法和耗油量法。主要的量化方法来源有特定的温室气体方案、IPCC 国家温室气体清单指南中的方法、其他国家或地区的温室气体清单方法等。其中,应用较多的是 IPCC 国家温室气体清单指南中的方法。

排放因子与所选定的量化方法有相关性,某一种量化方法对应

特定的排放因子。对于汽车燃油排放量化,车公里法对应的排放因子是单位行车公里数排放量,单位一般为 $kgCO_2e/km$,耗油量法对应的排放因子是单位燃油质量排放量,单位一般为 $kgCO_2e/L$。排放因子的来源有 IPCC 国家温室气体清单指南中的缺省因子、国家或地区的温室气体清单中采用的因子、特定的温室气体方案给出的因子以及政府或者权威部门公布的因子等。通常同一个排放源的排放因子都有多个来源,因此需要花充分的时间,在海量的信息库中寻找,并加以甄别。选择排放因子要尽量做到选择来自公认的可靠的来源,将不确定性降到最低、可方便地监控活动数据。一般采用的原则是就近不就远原则。比如某一排放因子的数据在中国的温室气体清单中采用了,那么以后在中国地区选择该排放因子数据时,应使用该数据而舍弃欧洲或者美国的数据。

案例中服装企业碳盘查最终计算的主要是无烟煤、汽油和外购电力的碳排放,选取量化排放因子对应是 1 吨无烟煤正常燃烧的碳排放、1 升汽油在机动车内燃烧碳排放以及工业用电 1 度的碳排放。其排放因子对应的单位是 $kgCO_2e/t$、$kgCO_2e/L$ 和 $kgCO_2e/kWh$。具体温室气体排放见表3-4。

表3-4　温室气体排放表

范畴	类　别	设　施	排放源
Scope 1	固定燃烧	锅炉	无烟煤
	移动燃烧	公务车1	汽油
		公务车2	汽油
	逸散排放	二氧化碳灭火器	CO_2
		空调	冷 R-22
		化粪池	CH_4、N_2O
Scope 2	能源间接排放	全公司用电设施	外购电力
Scope 3	未盘查		

在 2006 年 IPCC 国家温室气体清单指南能源卷中的相关数据为:车用汽油 CO_2 排放因子 69300kg/TJ,净发热值为 44.3TJ/Gg,97 号汽油密度为 0.737kg/L;无烟煤有效 CO_2 排放因子 98300 kg/TJ,净发热值为 26.7 TJ/Gg。最终通过计算,得出汽油的排放因子为 2.26kgCO_2e/L,无烟煤排放因子为 2620kgCO_2e/t。华北区电网基准线排放因子为 1.0935kgCO_2e/kWh。

三、收集活动数据并量化和计算

活动数据种类务必与量化方法保持一致,避免采集无用数据。在设计温室气体信息体系时,应重点策划和确定数据监控点、监控责任人、数据采集频次、数据传输渠道及数据汇总要求等。活动数据的可能来源见表 3-5。

表 3-5　活动数据来源

数据资料	可能的来源
燃料消耗数据	采购单据、送货单据、采购合约、采购记录、物料清单、燃料清单等
采购燃料价格转换成燃料耗重或含能量	采购单据、送货单据、采购合约、采购记录、IPCC、国际能源总署、国家或工业报告

根据活动数据和排放因子算出准确的排放量,需要用到碳足迹计算基本方程:特定活动一定时间段内使用的所有材料、消耗的能源和产生的废物乘以排放因子。某个特定活动的碳足迹 = 活动数据(mass/volume/kWh/km)×排放因子(CO_2e/单位)。

在数据收集中,由于数据采集局限性,没有对逸散排放进行测量。衬衫制程中的碳排放主要是各类机器所用电量的碳排放,故在范畴 2 内进行计算。本次计算收集的数据主要针对锅炉无烟煤的燃烧、公务车辆耗油以及各类用电设施所用电量的收集。最终经过计算得出,该公司 6 个月内碳排放表见表 3-6 和表 3-7。

表3-6　二氧化碳排放统计表

CO$_2$	CH$_4$	N$_2$O	HFCs	SF$_6$	NH$_4$	总计（kg）
225683	0	0	0	0	0	225683
100%	0	0	0	0	0	100%

表3-7　直接与间接碳排放表

范畴1	范畴2	总计（kg）
45683	180000	225683
20.20%	79.80%	100%

四、编制温室气体清单

温室气体清单是温室气体盘查的成果的文件化。温室气体清单包括以下三部分内容，即GHG排放和清除、组织在GHG减排和增加清除方面的活动、基准年GHG清单。

五、数据质量管理

数据质量管理包括以下内容：盘查工作检查，针对盘查过程确保程序和方法正确，确保结果的正确性；数据检查和复合，针对活动数据的收集过程，确保数据正确性；定量的不确定性分析，针对活动数据的选择，确保精确性。

对于之前计算出来的数据必须加以检查。实施一般性品质检验，即针对数据收集、输入、处理、资料建档及排放量计算过程中易疏忽而导致误差产生的一般性错误，进行严禁适中的品质检验。进行特定性品质检验，即针对盘查边界的适当性、特定排放源输入数据品质以及造成数据不确定性主要原因的定性说明等，进行严谨的检查。一般性特定行品质检查和特定性品质检验内容见表3-8和表3-9。

表 3-8　一般性品质核查作业内容

盘查作业阶段	工作内容
数据收集、输入及处理作业	检查输入数据抄写是否有误 检查填写完整性或是否遗漏 确认已执行适当版本之电子档案控制作业
数据建档	确认表格中全部一级数据之资料来源 检查应用文献均已建档 检查应用于下列项目选定假设与准则均已建档:边界、方法、作业数据、排放系数及其他参数。
计算排放与检查计算	检查排放单位、参数及转换系数 检查计算过程中,单位是否正确 检查转换系数 检查数据处理步骤 以简要的算法检查计算 检查不同排放源类别

表 3-9　特定性品质核查内容

盘查类型	工作重点
排放系数及其他参数	排放系数及其他参数引用是否合适 系数和参数与活动数据单位是否吻合 单位转换因子是否正确
活动数据	数据收集是否有延续性 历年相关数据是否具有一致性变化 活动数据与产品产品是否具有相关性
排放量计算	排放量计算公式是否准确 历年排放量是否有一致性 排放量与产品产能是否具有相关性

六、编制、审核、发布报告,参与外部碳披露

组织编写 GHG 报告,以便核查 GHG 清单、参加某个 GHG 方案,或向内、外部用户提供信息。GHG 报告应具有完整性、一致性、准确性、相关性和透明性。组织应根据其参加的 GHG 方案的要求,内部报告的需求和目标用户的需求,来确定 GHG 报告的预定用途、文本结构、公众可获得性和传播方式。

如果组织发布了公开的 GHG 声明,并宣称执行了本标准,则按本标准要求编写的报告,或第三方对该 GHG 声明所作的核查陈述应为公众所获取。如果组织的 GHG 声明经过了独立核查,则核查陈述应为目标用户所获取。

七、核查

核查是根据约定的核查准则对声明进行系统的独立的评价,并形成文件的过程。核查的总体目的是公正客观地评审所报告的 GHG 排放和清除,表 3-10 为三种核查方式。

表 3-10　三种核查方式

核查种类	目的和侧重点	通常执行方	典型特征
内部核查	查找盘查过程中的遗漏或者错误,确保盘查质量	企业自己组织人员	保证等级不强
外部核查	查找盘查过程中的遗漏或者错误,确保盘查质量;一定程度上让目标用户信任盘查结果的质量	咨询公司或专业机构	保证等级不强
第三方独立核查	提供担保或证明	专业的第三方核查机构	有严格的保证等级约定

第四章 国际知名服装企业组织碳足迹典型案例研究

第一节 耐克品牌典型案例研究

总部位于美国俄勒冈州比弗顿附近的耐克公司是全球知名的体育用品企业,设计和经销运动鞋、运动服、运动装备和配饰,目前拥有耐克品牌(NIKE Brand)、匡威(Converse)、赫利国际(Hurley International LLC)、乔丹品牌(Jordan Brand)、耐克高尔夫(NIKE Golf)五个独立运动品牌(见表4-1)。在2015年英国广告巨头WWP公司一年一度的全球品牌价值排名中,耐克以297亿1700万美元的品牌价值继续蝉联全球服装品牌第一位。

表4-1 耐克公司旗下五大品牌

名　称	涉 及 品 类
NIKE Brand	高品质运动专业装备和运动健身产品的设计、开发和销售,包括鞋、服装、装备和配饰
Converse	休闲鞋服和配饰的设计,营销、许可和销售
Hurley International LLC	冲浪运动和年轻时尚风格鞋类、服装和配饰产品的设计、营销和分销
Jordan Brand	融入乔丹运动精神并由其直接参与的高端鞋服和配饰的设计与营销
NIKE Golf	高尔夫器材、服装、球、鞋、包和配饰的设计与营销

资料来源:根据 Sustainable Business Performance Summary 相关资料整理。

耐克 2013 财年(2012 年 6 月 1 日—2013 年 5 月 31 日)年报显示,耐克的体育和运动健身产品在全球 40 多个国家的合同工厂进行生产,销往全球几乎所有国家。在全球 110 多家销售处和展厅、约 90 家行政办事处、750 多家零售店,耐克共雇佣 4.8 万名员工,实现营业收入 253 亿美元,较 2011 财年增长 25.9%。耐克视可持续发展为促进创新和实现业绩增长的最主要动力,2015 财年,耐克目标实现 300 亿美元的营业收入,到 2017 年目标达到 360 亿美元。

耐克很早就意识到资源约束对企业发展可能带来的影响,对于如何在资源约束的挑战下保持企业业绩的持续增长,耐克也经历了从被动反应到主动迎接的过程。目前,耐克已将可持续发展作为企业成长的机会,视其为企业摆脱资源约束来实现盈利的途径,因此将可持续发展与创新融入到企业战略的各个方面。在 2010 年发布的耐克 2007 至 2009 财年企业责任(Corporate Responsibility,CR)报告中,耐克提出了 5 年社会责任目标,将可持续发展作为促进创新和竞争优势的重要源泉。从 2010—2011 财年的 CR 报告开始,耐克将报告的名称从"企业责任报告"(Corporate Responsibility Report)变更为"可持续业绩概览"(Sustainable Business Performance Summary),除原有的企业责任相关内容外,更多地披露耐克在可持续方面的创新与实践,凸显了其作为一家全球知名的体育用品企业在环境责任方面作出的承诺和努力。

一、耐克公司碳足迹评估标准

耐克公司的 CR 报告是根据全球报告倡议组织(The Global Reporting Initiative,GRI)《可持续发展报告指南》(以下简称"指南")编制。该指南是一份国际性参考文件,为各个地区、各类行业、各种规模的组织和机构编制可持续发展报告提供依据,以便于各类组织和机构披露其治理方针和环境、社会及经济绩效和影响,并有利于国际比较。可持续发展的环境维度关注组织对有生命和无生命的自然系统(包括土地、空气、水和生态系统)的影响,因此指南涵盖的披露信息涉及与各类输入物(如物料、能源和水)和输出物(如废气、污水、废弃物)有关的影响,还包括生物多样性、交通运输、产品与服务、供应商环境评估等多个指标。

指南中,关于温室气体(GHG)排放的报告,是以世界资源研究所(WRI)和世界可持续发展工商理事会(WBCSD)发布的温室气体核算体系(GHG Protocol)①为依据。该核算体系将温室气体排放分为三个"范畴(Scope)"——范畴1,范畴2和范畴3。"范围"是对产生温室气体排放的运营边界的分类。"范围"将组织自身或其他相关机构(如电力供应商或运输公司)产生的温室气体排放作如下分类(见表4-2)。

表4-2 温室气体排放的三个范围

种　　类	涵　盖　内　容
直接温室气体排放 (范畴1)	组织拥有或控制的排放源的 GHG 排放
能源间接温室气体排放 (范畴2)	组织所消耗的外部电力、热力或蒸汽的生产而造成的 GHG 排放
其他间接温室气体排放 (范畴3)	因组织的活动引起的,而被其他组织拥有或控制的排放源所产生的 GHG 排放,但不包括范畴2排放。例如:员工出差乘坐交通工具的排放;原材料、零部件和成品外部运输的排放;上下游供应商的排放等

资料来源:根据 GHG Protocol 相关资料整理。

温室气体核算体系(GHG Protocol)于2001年发布了"企业核算与报告准则"(Corporate Accounting and Reporting Standard),对企业

---

① 世界资源研究所(WRI)于1998年和世界可持续发展工商理事会(WBCSD)共同发起了温室气体核算体系(GHG Protocol),也称温室气体议定书,其目的是透过一个开放、透明的多方利益相关者参与机制,开发一系列温室气体的国际性评估和报告标准及工具。

盘查范畴1和范畴2的温室气体①提供了指导。2011年,温室气体核算体系发布"企业价值链(范畴3)标准"(Corporate Value Chain(Scope 3)Standard),为包含企业全部价值链的范畴3温室气体的盘查提供了依据。

根据GRI指南的要求,耐克依据温室气体核算体系,识别了自身的排放范围,并披露了其全价值链GHG盘查数据。

二、耐克公司碳足迹评估结果分析

(一)耐克全价值链环境足迹概览

1.耐克价值链

除了企业自身的直接温室气体排放(范畴1)和能源间接温室气体排放(范畴2)外,企业整个价值链的排放亦不容忽视,并且常常可能意味着更大的减排机会。2013财年,耐克将其环境足迹的评估扩展到整个价值链,涉及从原材料的生产到消费者使用产品后的废弃阶段的各个环节。耐克整个价值链如图4-1和表4-3所描述:

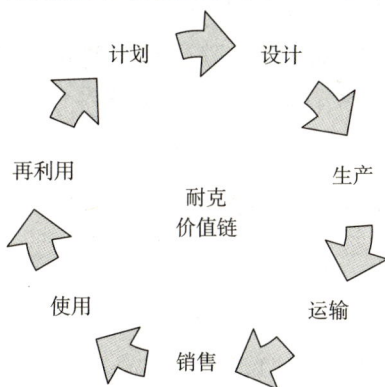

图4-1 耐克价值链

---

① 温室气体包括《京都议定书》要求减排的六类温室气体,即二氧化碳(CO_2)、甲烷(CH_4)、氧化亚氮(N_2O)、氢氟碳化物(HFC)、全氟碳化物(PFC)以及六氟化硫(SF_6)。2013年5月,企业核算与报告准则进行了修订,包含了第七类温室气体三氟化氮(NF_3)。

表4-3 耐克价值链描述

名　称	涵盖内容
计划	包括制订人员、办公、品牌等各个方面的计划
设计（材料选择）	包括将科技、创意与原材料的合理选择相结合。在原材料选择方面，充分考虑各种材料环境足迹的差异
生产	耐克产品的生产由合约工厂来完成，耐克慎重选择合约工厂并与之共同努力降低生产过程的环境影响
运输	耐克全球物流体系
销售	在耐克商店向顾客销售产品
使用	消费者长期穿着耐克产品，不同的保养方式产生的环境影响也不同
再利用	使产品能够再利用和循环利用，而非将其进行填埋处理

2.耐克全价值链环境足迹评估

为确定耐克公司（包括耐克产品）的环境影响，耐克评估了包括碳排放、能源消耗、水消耗和垃圾产生量四个方面的整体环境足迹。同时，耐克从三个角度开展评估：其一是概览式评估，旨在发现价值链各个环节所产生的环境影响在整个价值链中的占比，从而识别出应重点关注和控制的具体环节；其二是绝对量评估，即计算各年可比的环境足迹各指标的绝对值，以评测整体性改进；其三是目标观测项评估，即对绝对量评估中的一些分项指标，设定具体的改进项目及目标，这些分项目标的评估涉及耐克合约制鞋厂、零售店铺、运输、耐克总部办公楼及其大规模分销中心等，通过评估各目标的达成情况，评价其改进效果。

首先，为了识别各个价值链环节所产生的不同环境影响的大小，从而找到改善的关键机会所在，耐克对其价值链上各个环节在碳排放、能源消耗、水消耗和垃圾产生量四个方面所产生的环境影响的比例关系进行了评估。图4-2直观地显示出，设计环节的材料选择、消费者的使用以及生产制造环节是产生环境影响的重要方面，而产品消费后的废弃处理也蕴藏着巨大的改进机会。另外,从绝对量来看,2013财年,耐克全价值链共计排放二氧化碳1250万吨,消耗能源289亿千瓦时,消耗水资源2170亿加仑,共产生7亿公斤垃圾(见表4-4)。

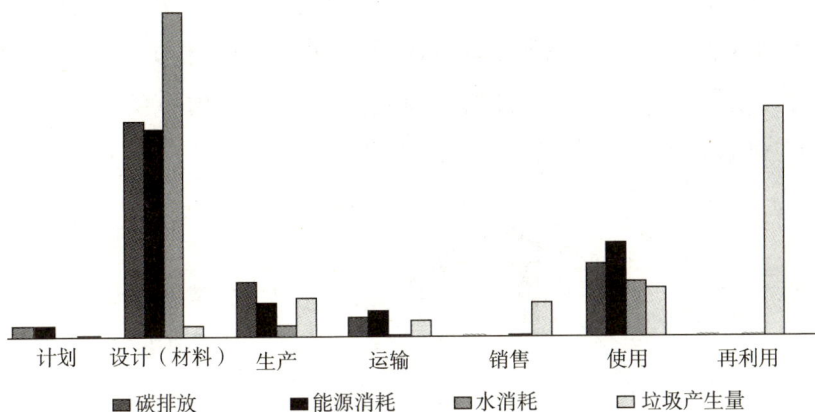

图4-2　2013财年耐克全价值链环境足迹

表4-4　2013财年耐克全价值链环境足迹评估结果

	计划	设计（材料）	生产	运输	销售	使用	再利用
碳排放（总计1250万吨）	3%	56%	15%	5%	1%	20%	<1%
能源消耗（总计289亿千瓦时）	3%	54%	10%	7%	1%	24%	<1%
水消耗（总计2170亿加仑）	<1%	83%	2%	<1%	<1%	15%	<1%
垃圾产生量（总计7亿斤）	1%	2	11%	6%	9%	13%	59%

（二）碳排放和能源消耗

如前所述,耐克碳足迹评估采用WRI的范畴1、2、3标准,通过该标准评估得出的2013财年耐克的全价值链1250万吨二氧化碳排放量和289亿千瓦时能源消耗中,所属耐克和由其自行运营的机构共排放二氧化碳 87 万吨,消耗能源 32 亿千瓦时,占比分别为 7% 和 11%。

从各价值链环节来看,设计(材料)阶段是碳排放占比最大的环节。由于奶牛的甲烷排放,皮革在整个价值链的碳排放的占比达到 56%,还有 35% 的碳排放产生自消费者使用环节和产品生产环节,分别占 20% 和 15%,另有 5% 的碳排放来自运输环节(见图 4-3)。在能源消耗方面,设计(材料)阶段也是占比最大的环节,其次为消费者使用阶段,这两个阶段的能源消耗共占整个价值链的 78%,而生产和运输环节也分别消耗了 10% 和 7% 的能源(见图 4-4)。

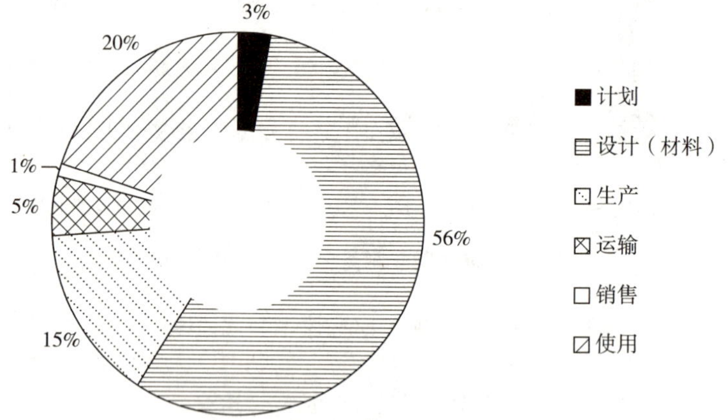

图 4-3 耐克价值链各环节碳排放比例关系

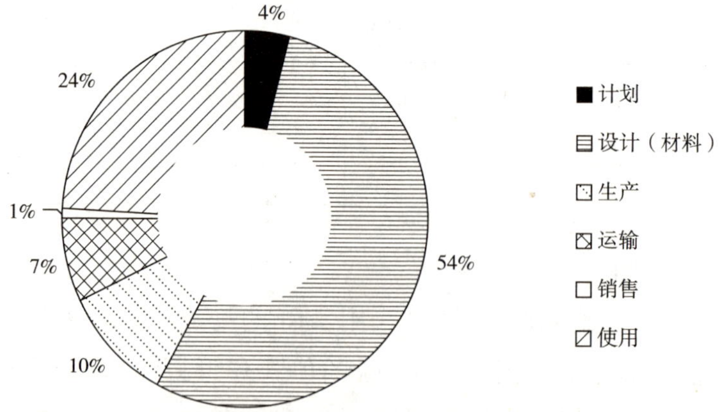

图 4-4 耐克价值链各环节能源消耗比例关系

碳排放和能源消耗的大部分来自企业外部非直接控制环节,包括原材料种植,加工和最终产品制造等上游环节及消费者使用,包括洗涤和烘干等下游环节。但耐克通过其指标测评工具至少影响价值链上游主要环节的碳排放和能源消耗。

通过价值链的分析可以发现,产品原材料的选择对降低价值链的碳排放和能源消耗意义重大,生产环节也蕴藏着一定的改进机会,因此,耐克着眼于通过采用新材料和进行生产方式的变革来降低碳排放和能源消耗。由于耐克的产品都由其外部合同工厂生产,而原材料也采购自外部供应商,为了能够更好地改进整体价值链的环境效应,耐克开发了相应的管理工具,以优化原材料的选择,并采用精益制造标准来评估供应商。

在具体目标观测项上,耐克制定了 2015 财年实现单位产品碳排放较 2011 财年减少 20% 的目标。该评估涉及的排放范围包括建筑物、运输和耐克合同工厂等,如表 4-5 所示。

表 4-5 耐克公司排放范围识别

排放边界(范围)	包　　括
场所(1,2)	耐克全球总部、所有主要的全球分销中心和全球零售店铺
商务旅行(1,3)	所有航空商旅、大部分全球租车和全部自有航空器飞行
运输(3)	成品从工厂到分销中心的全球运输
运动鞋生产(3)	成品的生产(90%是来自工厂的初级数据;10%是推断数据)。
运动服装生产(3)	采用基于生命周期分析的推断数据
运动装备生产(3)	采用基于生命周期分析的推断数据

注:耐克公司能源消耗和碳排放评估采用 WRI Scope I,II,III 标准,以 2011 财年为基年。

2013 财年,以上述排放边界评估的耐克公司碳排放为 167 万吨二氧化碳当量(1.67 million tCO_2),较 2011 财年下降 2.8%,实现了单位(每双鞋)碳排放减少 13%;能源消耗为 14924 太焦耳(TJ),下降 5%。其中,鞋类产品生产是碳排放量最大的一项,占到总排放量超过一半。从 2011—2013 财年,鞋类产品生产实现了单位碳排放降低 17%,较 2008 财年减少了 33%。这一结果源于减少热损失,改进能源管理体系和制鞋厂商和耐克能源领域团队的共同努力。运输环节的碳排放减少了 29%,部分原因在于产品更多地采用海运而非空运,减少了燃料消耗和成本。因为采用更好的能源管理系统,耐克零售店铺的单位(每平方英尺)能源消耗下降 8%,而总部的能源消耗每平方英尺下降 16%。

表 4-6　耐克气候和能源发展目标及进展

目　　标	2015 财年实现单位产品碳排放较 2011 财年减少 20%
总进展	2013 财年较 2011 财年(下同),在收入增长 26% 的前提下,实现能源消耗总量减少 5%,碳排放总量减少 2.8%,单位产品碳排放减少 13%
观测项进展	"耐克"合同制鞋厂: "耐克"运动鞋的生产环节实现单位碳排放减少 17%
	运输环节: 运输环节实现单位碳排放减少 29%
	全球分销中心: 主要全球分销中心实现单位能源消耗减少 26%
	公司总部办公室: 公司办公室每平方英尺能源消耗减少 16%

(单位:万吨)

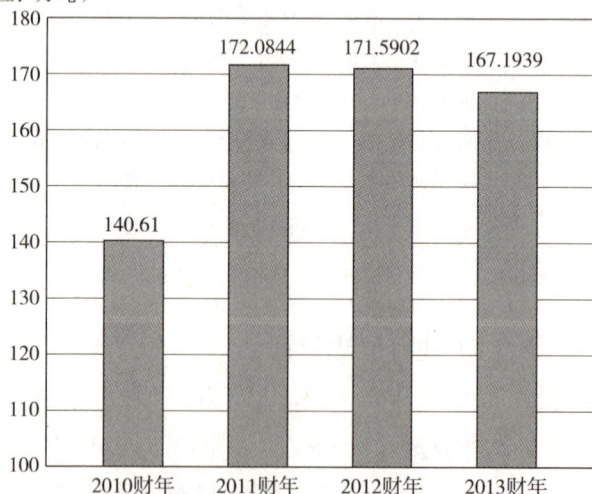

图 4-5　2010—2013 财年耐克碳排放量

（单位：万吨）

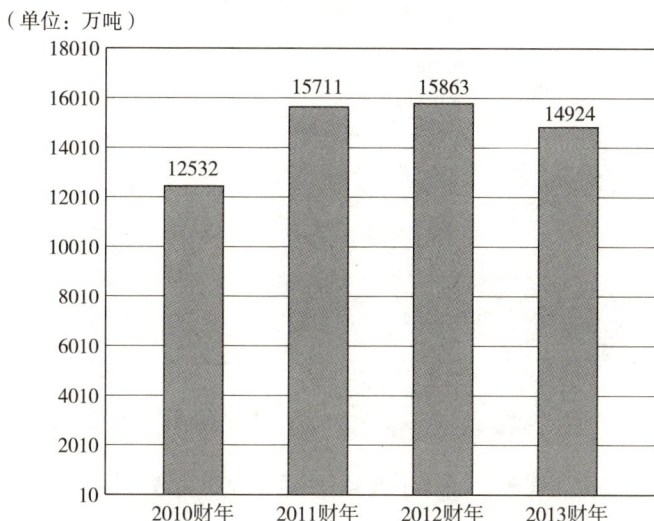

图 4-6 2010—2013 财年耐克能源消耗量

（三）水消耗

从耐克全价值链水足迹评估结果来看，2013 财年，耐克整个价值链共消耗水资源 2170 亿加仑，其中，所属耐克和由其自行运营的机构耗水量为 129 亿加仑，占 6%。

从价值链各个环节来看，耐克 73% 的水资源消耗在其价值链的上游环节，即原材料阶段（主要由于棉花种植需要消耗大量水资源），还有 10% 消耗在面料生产环节（主要为面料的染整），使得设计（材料）阶段的合计耗水量占整个价值链耗水量的比重达 83%。另一个耗水量大的环节产生在消费者使用阶段，即衣服的洗涤阶段，占到全价值链耗水量的 15%。此外，成品制造也消耗一定的水资源，占比为 2%（见图 4-7）。

基于整个价值链的水足迹评估可以帮助耐克更好地识别和发现节水和改进的机会，并设置具体的目标，采取有针对性的措施。对于棉花种植这类企业自身难以控制的价值链环节，耐克采取在产品设

耐克价值链各环节耗水量比例关系

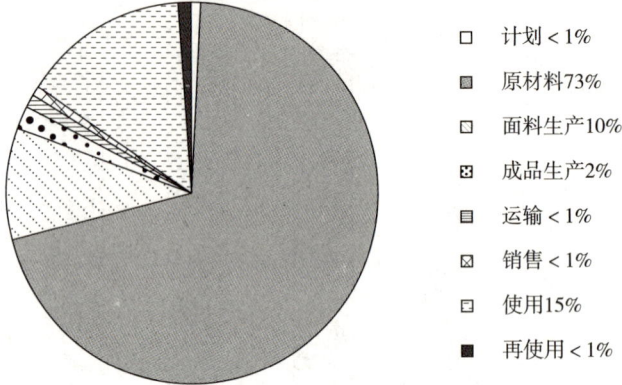

- □ 计划 < 1%
- ▨ 原材料73%
- □ 面料生产10%
- ⊠ 成品生产2%
- ▤ 运输 < 1%
- ⊠ 销售 < 1%
- □ 使用15%
- ■ 再使用 < 1%

图4-7　耐克价值链各环节耗水量比例关系

计环节优先选择节水面料(NIKE Materials Sustainability Index, NIKE MSI)的办法来降低水资源消耗量,而对于面料生产和成品生产这两个环节,耐克设定了具体的改进目标,通过向其合同供应商施加一定影响,与之共同努力,来降低耗水量。

表4-7　耐克水资源利用效率改进目标及进展

目标	到2015财年,将服装面料染整环节的单位水资源利用效率以及运动鞋生产环节的单位水资源利用效率较2011财年均提高15%
进展	2013财年较2011财年,服装面料染整环节的单位水资源利用效率提高了10%
	2013财年较2011财年,运动鞋生产环节的单位水资源利用效率提高了23%,提前并超额达成了目标

如表4-7所示,运动鞋的生产是耐克水资源利用效率改进最大的领域。2013财年,耐克合同制鞋厂在产量增加近20%的情况下,通过各种措施,使总耗水量减少了8.16亿加仑,从2011财年的35亿加仑降到27亿加仑,实现了每双运动鞋的用水量较2011财年减少23%,提前两年实现了15%的既定目标。在服装面料印染和整理环节,耐克也

提升了水资源的利用效率,实现了每公斤面料耗水量节省10%。

(四)垃圾产生量

2013财年,耐克整个价值链产生的垃圾量为7亿公斤,其中,所属耐克和由其自行运营的机构产生的垃圾量为9670万公斤,占比为14%。

由于产品本身在寿命终结后会被消费者抛弃,最终变成废弃物,成为垃圾,这使得寿命终结后的产品占到耐克整个价值链垃圾产生量的59%(见图4-8)。此外,在消费者使用阶段和产品生产阶段也会产生较大比例的垃圾,分别占到13%和11%。"耐克"和"匡威"每年需要几亿个鞋盒,大部分鞋盒会被消费者抛弃或再利用,而生产中产生的剩余的废料,以及多余的瓦楞纸箱和购物袋等也会成为垃圾的来源。为此,耐克从控制鞋盒重量和减少"耐克"产品生产环节的垃圾产生量两方面设置了具体的垃圾减量目标。同时,对于不可避免产生的垃圾,耐克尽量改进其处理方式,来降低环境负担。

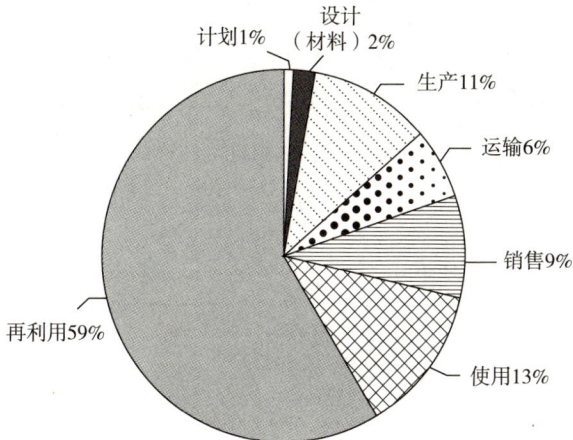

图4-8　耐克价值链各环节垃圾产生量比例关系

1.耐克垃圾减量目标及进展

2001财年至2011财年,耐克运动鞋生产环节的垃圾产生量减少了35%,在此基础上,耐克决定到2015财年,使"耐克"最终产品(包括"耐克"运动鞋、服装和装备)生产环节的垃圾产生量较2011财年再减少10%。耐克认为,相较于垃圾产生后再去想办法改变其用途,不如在进行产品设计时就去考虑如何降低生产过程中的垃圾产生量。2012年,耐克引入耐克飞线(NIKE Flyknit)生产线,在实现垃圾减量方面显现出巨大潜力。这一技术生产的轻型鞋面可以降低制鞋过程中的垃圾产生量。应用此技术生产的飞线月光1+号(Flyknit Lunar 1+)跑鞋相较于耐克传统跑鞋在生产过程中产生的垃圾量平均减少了80%。2013财年,"耐克"鞋、服装、装备等最终产品生产环节的垃圾产生量较2011财年减少了8.6%,已接近2015财年实现垃圾减量10%的目标。

另一方面,在产品包装环节,耐克自1995年起,即采用100%再生材料制作运动鞋的鞋盒,并自此逐步通过改进鞋盒的设计来减轻鞋盒的重量。耐克制定了到2015财年实现鞋盒平均重量较2011财年减轻10%的目标。到2013财年,在之前已经实现的鞋盒减重6%的基础上,耐克通过推出并采用新设计的鞋盒,使"耐克"鞋盒的重量较2011财年减轻了3%。2012财年,"匡威"也重新设计了鞋盒,通过使用更少的材料及更轻的瓦楞纸板,相较于2011财年,"匡威"节约了1300公吨瓦楞纸及150万美元,实现了每只鞋盒重量平均减轻13%。

表4-8　耐克垃圾减量目标及进展

目标	到2015财年,使"耐克"最终产品生产环节的垃圾产生量较2011财年减少10%;鞋盒平均重量较2011财年减轻10%
进展	2013财年较2011财年,"耐克"鞋、服装、装备等最终产品生产环节的垃圾产生量减少8.6%
	2013财年较2011财年,鞋盒平均重量减轻3%

2.耐克的"闭环"垃圾处理

在尽量减少垃圾产生量的同时,对于无法避免产生的垃圾,怎样去处理是关键。一般的垃圾处理方式有填埋、焚烧、堆肥和循环利用等。填埋和焚烧由于面临土地资源日益紧张、可能对地下水产生二次污染以及空气污染等问题,并不是理想的处理方法。将垃圾尽可能循环利用,减少需要进入垃圾填埋场进行处理的垃圾量,即实现垃圾转化(waste diversion from landfill),是垃圾处理的发展方向。

在垃圾处理方面,耐克根据实际情况采取三个层次的方法,来提高垃圾转化率。第一层次的方法,即最优选择,是通过"闭环"将垃圾进行高值化利用,即通过创新科技使之重新用于耐克自身产品。例如,耐克的材料商回收计划以及将旧鞋的橡胶外底重新制成新的外底。次优的选择是通过"耐克碾磨"(NIKE Grind)项目,将回收的旧鞋再生利用改变其用途。例如,耐克从1990年开始"拯救鞋子"(Reuse-A-Shoe)计划,通过该计划回收了2800万双鞋进入到"耐克碾磨",最终用于世界各地的跑道、运动场、地毯底布等。第三层次的方法是进行能源化利用,即将垃圾的内能转换成热能、电能,实现发电、供热和热电联产。

表4-9列出了2011财年至2013财年耐克在制鞋生产过程中单位垃圾产生量及处理方式。2011财年至2013财年,每双鞋产生的垃圾量从149克下降为145克,其中19—21克被填埋或焚烧,其余的通过能源化利用、再生利用以及闭环再利用,实现了转化。具体来看,2011财年至2013财年,能源化利用呈上升趋势,而闭环再利用呈下降趋势,但转化率均维持在85%以上。

表4-9　制鞋环节的垃圾管理　　　　　　(单位:克/双)

	2011 财年	2012 财年	2013 财年
垃圾量	149	149	145
填埋/焚烧	21	19	21
转化量,其中:			

	2011 财年	2012 财年	2013 财年
能源化	36	37	38
再生利用（NIKE Grind,downcycling）	60	62	60
闭环再利用（内部回收再利用）	32	30	26
转化率	86%	86%	85%

虽然与生产和包装环节产生的垃圾量相比,办公室产生的垃圾量很少,但耐克也关注其办公场所产生的垃圾及处理方式。2013 财年,耐克全球总部的建筑面积相比 2011 财年扩大了 14%,但 2011—2013 财年,耐克全球总部的垃圾产生量仅增加了 4%（见表 4-10）,其中,更多的垃圾进行了堆肥和再生利用处理,而不是填埋。2013 财年,耐克总部实现了 69% 的垃圾转化率（即不进入垃圾填埋场处理的垃圾量占总垃圾量的比重）。与此同时,耐克主要全球分销中心的垃圾转化率达到 92%,而零售店铺的垃圾转化率为 44%。耐克认为,随着食品服务供应商的努力,以及未来在堆肥处理和再生材料法规方面的变化,转化率还能进一步提高。

表 4-10　耐克全球总部的垃圾产生量及相关数据　　（单位:吨）

	2011 财年	2012 财年	2013 财年
垃圾总量	1226	1544	1840
其中:填埋	424	658	567
堆肥	304	327	356
再生利用	498	559	917
转化率	65%	57%	69%

第二节　李维斯品牌典型案例研究

李维斯公司（LEVI STRAUSS & CO.,英文缩写为 LS&CO.）,商标

为 Levi's ⓒ品牌,中文译为李维斯品牌,旗下拥有 Levi's ⓒ品牌,在亚洲有 dENiZEN ⓒ品牌。

李维斯创建于 1853 年,作为全球著名牛仔裤品牌,160 多年来不断追求产品创新。自 1873 年推出 501 ⓒ牛仔裤以来,1960 年,李维斯推出水洗系列牛仔裤,1986 年李维斯开始生产预先穿洞的破烂牛仔裤、将牛仔裤裤管翻过来的"翻边",2003 年李维斯成立 150 周年,及牛仔裤诞生 130 周年,同年,性感新潮剪裁独特、款式至酷的 Type1TM 系列诞生。

在环境管理方面,早在 2006 年,李维斯开始启动一系列与组织和产品相关环境影响的评价工作。2007 年,李维斯率先发布全球温室气体排放清单,2009 年发布首个年度《碳信息披露报告》,同年,完成并发布了 Levi's ⓒ 501 ⓒ牛仔裤和 Dockers 卡其布裤子两个产品的碳足迹评价结果。2012 年 9 月,李维斯发布了《2012 气候变化战略》(2012 CLIMATE CHANGE STRATEGY),将此作为企业战略。

图 4-9 显示,2006—2014 财年李维斯净收益较为稳定,一直保持在 40 亿美元以上。2014 财年[①],李维斯净收益为 47.54 亿美元,全球雇员人数为 1.5 万人,全球业务分为三大区域,分别为:美洲区,欧洲、中东和北非区,亚太区。在全球 110 个国家设有 5 万多家零售店,包括:沃尔玛等连锁店、梅西(Macy's)百货、专业男装店、自营店和网店等。

截至 2015 年 6 月,李维斯在全球 37 个国家拥有 568 个服装合作生产商[③],其中,在中国有 199 个服装合作生产商。

---

① 2015 Levi Strauss & CO.Key Facts./http://www.levi.com.
② LS&CO.2015 Carbon Disclosure Project—Climate Change Information Request, http://www.levistrauss.com/sustainability/planet/#climate-change.

（单位：亿美元）

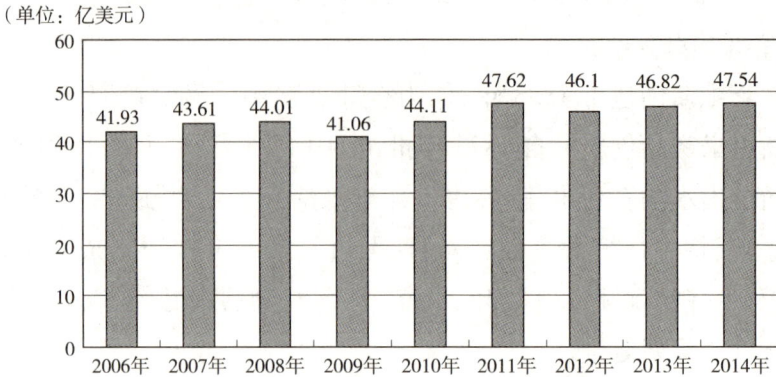

图4-9 2006—2014财年 LS&CO.全球净收益 ①

一、李维斯企业可持续发展战略

（一）企业可持续发展战略制定背景

李维斯作为全球知名服装品牌商,率先制定企业可持续发展战略,进行产品生命周期碳足迹评价,并每年发布企业组织碳信息披露报告（Carbon Disclosure Project）,这与美国国内出台气候变化法规密切相关。

1.2009年美国国会通过气候变化法案及征收碳税

美国减少温室气体排放法规（GHG emissions reduction legislation）,也被称为"限额交易"（cap-and-trade）,或称碳税（carbon tax）,规定了各企业总的温室气体排放限额。随着李维斯全球业务的不断扩张,如果超出碳限额排放,需要花钱向那些排放量低于限额的企业购买排放额度,基于这一趋势,迫使李维斯主动进行碳减排。

2.2008年美国通过可再生能源优惠税

2008年10月美国国会通过了"可再生能源优惠税"（Renewable

---

① Levi Strauss & CO. Factory List, http://www.levi.com/GB/en_GB/madeofprogress.

energy tax incentives），为李维斯投资可再生能源项目带来机遇，为了获得可再生能源优惠税待遇，李维斯在全球分支机构及价值链主要环节增加了可再生能源的购买和使用。

3.2009 年美国通过能源效率资源标准

2009 年美国国会通过的能源法规中，包括能源效率资源标准（Energy Efficiency Resource Standard，EERS），为李维斯投资和提高能源效率项目带来了机遇。如果提高了能源效率，李维斯就可以减少温室气体排放量，是实现减排目标最快捷、最清洁、最廉价的方式。

4.2009 年美国通过可再生发电标准

2009 年，美国国会通过可再生发电标准（Renewable Electricity Standard，RES），为李维斯购买可再生电能提供了机遇。通过购买可再生能源，李维斯实现了碳中和目标。

（二）企业可持续发展战略演进及碳减排目标

李维斯作为全球最大的牛仔服品牌商和领导者，十分重视环境责任和可持续发展，从环境理念入手，制定一系列减少对环境的影响发展战略和措施。

1.李维斯企业可持续发展战略演进

早在 1991 年，李维斯发布了《商业合作伙伴条款》（Business Partner Terms of Engagement（TOE）），主要包括：道德标准、法律要求、环境要求、社区参与和就业标准等五项标准，目的是为李维斯在全球范围内选择遵循工作场所标准和商业惯例的业务合作伙伴。

1992 年李维斯将环境理念（Environmental Philosophy）列入企业发展理念中。1994 年李维斯发布《全球污水指南》（Global Effluent Guidelines，GEG），并适用于与李维斯合作的全球服装加工厂和后整理水洗工厂的污水处理。2006 年李维斯在全球推出生态型（Levi's © eco）牛仔裤，不仅在面料上使用了 100% 有机棉花，而且在染色上采用了天然染料和自然染色方法，一些装饰物也是用的循环再利用的扣子、铁钉和拉链。后整理采用日照自然晾干,产品包装业采用了可再生和可循环利用材料,契合了全球倡导环境保护的主题。

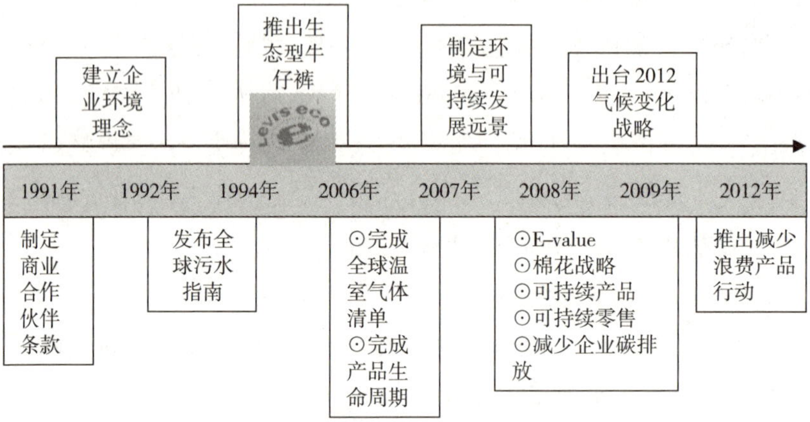

图 4-10　LS&CO.环境与可持续发展战略的演进过程

2007 年李维斯开始在生产和设计过程,加强环境的可持续发展。为了了解气候变化对环境的影响,李维斯开始进行排放数据采集工作和活动边界的确定。李维斯完成了从摇篮到坟墓的销售额最高的两个主打产品的生命周期评价("cradle‐to‐grave" lifecycle assessment, LCA),以提供从棉花种植到加工阶段,消费者使用阶段,直至废弃阶段,对环境产生的相关影响数据,包括:温室气体排放量、水耗、废弃物产生量等。

同时,李维斯完成了企业美洲区自营机构及租赁经营机构(包括:总部、分销中心、零售店、数据中心、销售部门等),基于 2006 年数据的温室气体清单(2006 greenhouse‐gas(GHG)inventory),以便建立李维斯全球基准年排放数据,为未来制定温室气体减排目标提供参考。美洲区机构的温室气体清单的数据采集,是采用世界资源研究所温室气体核算体系(World Resources Institute's GHG Protocol)进行。

2008 年是李维斯划时代的一年,在企业环境战略中,提出对环境与可持续发展的承诺,并将企业环境与可持续发展远景作为公司商业目标,以减少整个企业的温室气体排放。2009 年,LS&CO.根据 2008 年企业经营机构温室气体排放数据和两个主打产品生命周期评价结果,提出"关爱我们的地球"可持续发展目标,包括:E-value 牛仔面料及纱线、良好棉花战略、可持续产品、可持续零售和减少企业碳排放。2012 年李维斯推出了《2012 气候变化战略》(2012 Climate Change Strategy),并宣布到 2020 年李维斯减少温室气体排放的第二阶段目标。

2.LS&CO.企业减排目标

2008—2011 年为第一阶段,以 2007 年为基础,制定了 2008—2011 年减排目标,即:到 2011 年李维斯的范畴 1 和范畴 2 的碳排放和能源消耗,较 2007 年减少 11%,见表 4-11。

在《2012 气候变化战略》中提出,2012—2020 年第二阶段目标,在 2007 年的基础上,到 2020 年,李维斯办公机构、零售和分销机构的组织温室气体排放量下降 25%;生产加工环境,每件产品温室气体排放量每年降低 5%;李维斯整个企业购买可再生能源的比例达 20%。

表 4-11 李维斯气候变化战略阶段目标

时间	范围	目标内容	基准年	目标年	实施效果
第一阶段(2008—2011 年)	范畴 1 和范畴 2	较基准年碳排放和能源耗,降低 11%	2007	2011	13%
第二阶段(2012—2020 年)	范畴 1 和范畴 2	较基准年办公机构、零售店、分销机构碳排放降低 25%;每件产品温室气体排放量每年降低 5%;整个企业购买可再生能源的比例达 20%	2007	2020	2013 年降低 13%

资料来源:根据 LS&CO.2012 Annual Report 整理。

(三)李维斯可持续发展远景

李维斯可持续发展远景为:企业将所有经营的领域,在利润增长的同时,推动和改善环境的可持续发展。可持续发展远景主要由五个方面组成(见图4-11)。

图4-11 李维斯环境与可持续发展战略构成

能源有效利用和应对气候变化(Energy Efficiency and Climate Change),通过实施节能减排措施,在企业经营业务和整个供应链,使用100%可再生能源,实现碳中和。

减少水耗(Levi's © Water<Less™):减少水的使用量,改善整个产品生命周期的水质,以保持业务持续增长。

资源有效利用和减少浪费(Resource Efficiency),提供消费者的可持续产品,将李维斯发展成一个零废弃物公司。

限制有害物质使用(Restricted Substances):在产品生命周期的各个阶段,李维斯将生产中所使用的化学品对环境影响减到最低限度。

倡导使用良好棉花(Better Cotton Initiative):旨在减少棉花种植过程中的用水和杀虫剂用量,并在经济上为数十万棉花种植户提供支持。

(四)李维斯可持续发展战略措施

为了推动企业可持续发展战略的有效实施,李维斯通过技术创新和可持续产品(Innovative and sustainable products)、可持续供应链(A more sustainable supply chain)、消费使用环节(Consumer use),三方面不断创新,减少对环境的影响(见图4-12)。

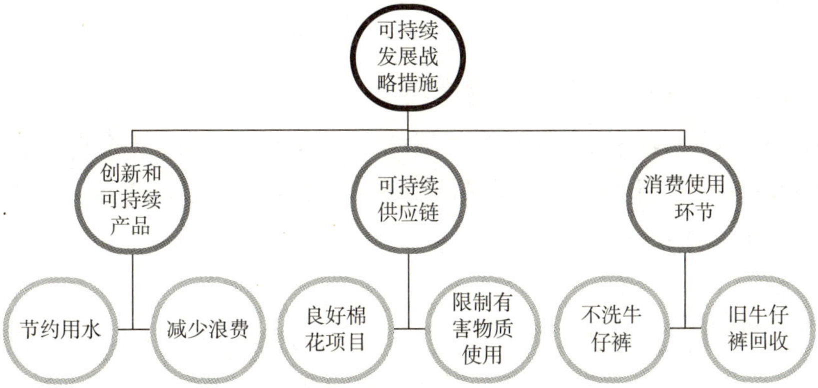

图4-12 李维斯可持续发展战略措施构成

1.技术创新和可持续产品开发

在技术创新和可持续产品开发方面,目前,李维斯主要通过两大举措减少对环境的影响,即:节约用水(Levi's © Water<Less™),减少浪费(Levi's © Waste<Less™),使产品生命周期更具有可持续性。

(1)采用节约用水技术生产的服装

李维斯意识到在整个经营环节水的重要性,2011 年开发了节约用水(Levi's © Water<Less™)技术,该技术主要包括:①将牛仔裤多次水洗过程合并为 1 次水洗;②将石磨水洗用水回收处理为清洁用水;③将臭氧处理合并到水洗环节。

传统一条牛仔裤后整理,需经过 3—10 次石磨水洗,需 42 升的水,用新的节水技术,每条牛仔裤后整理用水量仅为 1.5 升,使每条牛仔裤后整理环节的用水量节省了 96%。

2011 年李维斯使用节约用水技术生产牛仔裤 130 万条,节约用水 1.72 亿升,相当于 7.26 亿杯饮用水,足够 15.7 万人饮用一年。2014 年 Levi's ©品牌以节约用水技术,生产了 220 万条牛仔裤,节约 1.9 亿立升的水。同时,用李维斯新的循环水标准,生产了 15.5 万条女士牛仔裤,还将节约用水方

图 4-13　LS&CO. Water <Less™标识

式延伸到 Levi's ©品牌的其他产品生产中。自 2011 年 LS&CO.使用节约用水技术以来,李维斯累计生产 750 万条牛仔裤,累计节水量达到 8.89 亿升,相当于纽约城市居民一个月的用水量。李维斯目标:到 2020 年,用节约用水技术生产的牛仔裤占比,从现在的 20% 提高到 80%。

用节约用水技术生产的牛仔裤不仅对环境有利,也较原有方式生产牛仔裤减少了水耗和能耗,还降低了成本。据估算,这一技术的应用,仅 2014 年在所销售的商品中,节省成本达 160 万美元。

表 4-12　李维斯使用节约用水技术

年　份	节约用水技术生产牛仔裤(万条)	节约用水量(亿升)	相　当　于
2011	130	1.72	7.26 亿杯饮用水,够 15.7 万人饮用一年
2012	290	3.6	
2013	110	1.67	
2014	220	1.9	
累　计	750	8.89	相当于纽约城市居民一月的用水量

资料来源:根据李维斯 2011—2015 年 Annual Report 整理。

(2)减少浪费项目

减少浪费,是李维斯对可持续发展的另一项承诺。地球日益受

到资源匮乏的影响,李维斯通过寻找新的可替代原料生产纱线,减少对棉花等原生资源的依赖。李维斯减少浪费项目脱颖而出,旨在减少资源的浪费,建立服装循环再利用闭环体系。由于生活垃圾中废弃的饮料瓶占比达20%,用3—8个回收塑料瓶,就可以生产出1条牛仔裤。

2013年,李维斯首次推出减少浪费项目,用回收的79万个塑料瓶,加工了李维斯©卡车司机夹克、紧身牛仔裤和男士紧身牛仔裤。截至2014年年底,李维斯已用108万个回收瓶加工出1万件服装。

2.可持续供应链

李维斯注重供应商管理,从原料生产,到纱线、染色环节,制定一系列技术标准,选择全球优质的供应商。

(1)良好棉花发展项目

李维斯生产的服装,95%是棉制品,销售到全球110个国家。李维斯的服装生产供应商,遍布全球近40个国家,其中,大都是发展中国家,这些国家因受水缺乏、疾病、洪涝灾害等影响,环境较为恶劣。

2009年,李维斯成为良好棉花发展协会(Better Cotton Initiative, BCI)创始成员。BCI旨在使全球棉花种植更有利于棉农,更有利于种植环境,更有利于该产业的未来发展。李维斯遵循良好棉花标准,选择供应商,推动以良好棉花为原料,制作服装。旨在减少棉花种植过程中的用水和杀虫剂用量,为数十万棉花种植户提供资金支持。2014年,使用良好棉花占到棉花原料的6%,到2020年良好棉花占比将提高75%。

(2)限制有害物质使用

早在2002年,李维斯就制定了限制物质清单(Restricted Substances List, RSL),禁止在服装加工环节使用有害化学品。RSL适用于李维斯所有产品,包括服装、非服装、鞋袜、配饰及其他货物。此外,RSL还适用于在生产李维斯服装、配饰及其他产品时提供或使用的所有材料、零部件、化学品以及其他货物。

2012 年,李维斯加入 ZDHC 有害化学物质零排放组织(Roadmap Towards Zero Discharge of Hazardous Chemicals),要求供应商和货源商遵守化学物质管理标准,目的是确保李维斯商标,或由它分发的产品生产许可证的企业,在生产过程中使用或供应的材料、化学物质、零部件或其他物品以及成品符合所在国对化学成分和化学物质的法律要求;并确保李维斯商标,或由它分发的产品不会对消费者造成健康和安全的伤害。

3.消费使用环节的可持续

李维斯十分重视对消费者宣传教育,例如,如何洗涤牛仔裤?开展旧衣物回收活动等,倡导环保消费理念和使用方法。

2014 年,李维斯总裁 Chip Bergh 提出为了节约水资源,倡议不洗你的牛仔裤(Never Wash Your Jeans)的"脏牛仔裤宣言"(The Dirty Jeans Manifesto)。原因是牛仔裤在消费者穿着和洗涤环节,水耗相当惊人。经研究显示,1 条牛仔裤整个生命周期需消耗 3500 立升的水,如使用寿命为两年,每周用洗衣机水洗 1 次,两年间洗涤这条牛仔裤所消耗的水占到一半,为 1600 升,相当于 6700 杯的饮用水量。Chip Bergh 还建议采取局部斑点清洁方式,代替机洗牛仔裤。

为了减少水足迹,2014 年,李维斯与 I:CO(成立于 2009 年,为扔掉的旧衣服提供解决方案的公司)合作,在美洲、欧洲及部分亚洲的零售店开展回收旧牛仔裤活动(Clothing take-back programs)。对可二次穿着的牛仔裤,回收后再销售,不能二次穿着的可作为抹布、建筑隔热材料被循环再利用。

二、李维斯企业组织碳足迹评价结果分析

自 2006 年李维斯开始进行温室气体排放数据收集和核算。数据采集根据世界资源研究所温室气体核算体系(GHG Protocol),企

业总排放量包括(见图4-14):直接排放(范畴1)、间接排放(范畴2)和其他间接排放(范畴3)。

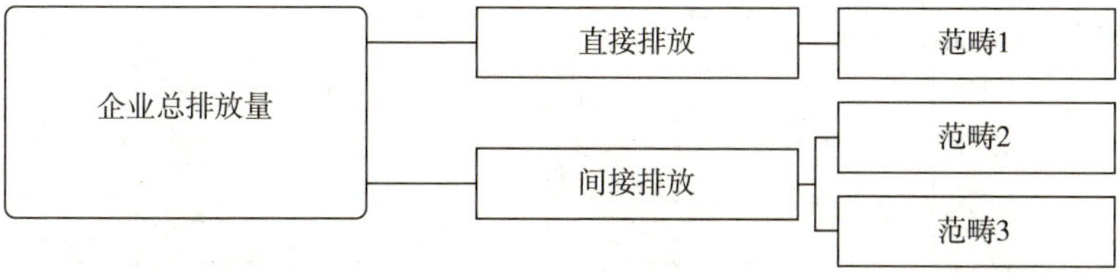

图4-14 世界资源研究所温室气体核算体系对企业总排放范围的界定

2007年李维斯发布"2006年度美洲区温室气体排放清单"(2006 America's Region Green House Gas(GHG) Inventory)和温室气体活动水平数据来源(见表4-13)。组织与运营边界是2006年李维斯美洲区23个办公室、6个分销中心和47个零售店的直接和间接排放。

表4-13 温室气体排放范围的界定

温室气体范围	核查美洲区机构	活动水平数据来源
范畴1 (直接排放)	能源的使用所产生的直接排放	主要是天然气,用于美洲区机构冬季取暖
范畴2 (间接排放)	自用的外购电力产生的间接排放	主要是日常经营所需的用电,包括照明、计算机、监控器等
范畴3 (其他间接排放)	范畴2之外所有间接排放	公司人员公务旅行(乘飞机)、公司租车等

(一)美洲区机构排放量

李维斯2006年度美洲区温室气体排放核查结果显示(见图4-15),2006年李维斯美洲区机构的组织碳排放总量为47634吨CO_2e[①],其中,范畴1为3193吨CO_2e,范畴2为42431吨CO_2e,范畴

———————

① 吨CO_2e(Metric Tons of CO_2-equivalents),译为"吨二氧化碳排放当量",或简称为"吨二氧化碳"。

3 为 2010 吨 CO_2e。

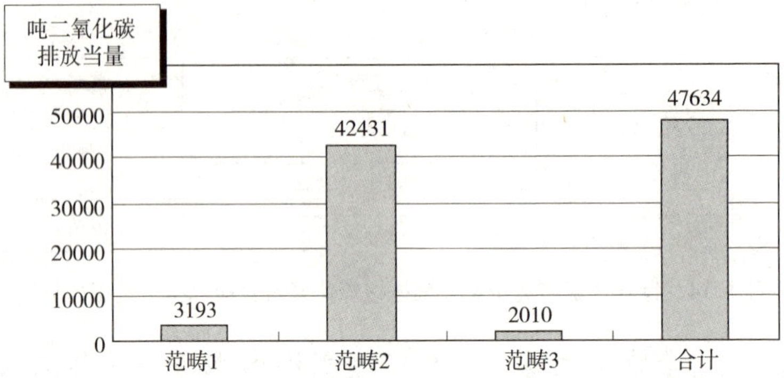

图 4-15   2006 年美洲区机构的二氧化碳排放数据

(二)全球三大区机构碳排放量

2009 年 5 月,李维斯发布首个年度碳信息披露项目报告(Carbon Disclosure Project),即《2009 碳信息披露项目》报告,将 2008 年度李维斯全球三大区市场直接和间接排放活动水平进行了详细的披露(见表 4-14)。报告核算数据采集时间范围为:2008 年 1 月 1 日—12 月 31 日。报告组织边界为李维斯的美洲区、亚太区和欧洲区。2008 年度李维斯全球机构总排放量为 91281 吨 CO_2e。

表 4-14   2007—2008 年李维斯三大区机构的二氧化碳排放数据

温室气体范围	组织边界	二氧化碳排放量(吨 CO_2e)	
		2007 年	**2008 年**
范畴 1		12503	13307
按地区	美洲区(美国、拉美和加勒比)	4186	3972
	亚太区(亚洲和澳大利亚)	1525	1777
	欧洲区(欧洲、中东及北非)	6792	7558

续表

温室气体范围	组织边界	二氧化碳排放量（吨 CO_2e）	
		2007 年	2008 年
	范畴 2	72890	68939
按地区	美洲区（美国、拉美和加勒比）	47329	41986
	亚太区（亚洲和澳大利亚）	8505	8728
	欧洲区（欧洲、中东及北非）	17056	18225
范畴 3	公司人员公务旅行（乘飞机）	7834	9035
	企业总排放量	93227	91281

资料来源：根据"2009 LS&CO.Carbon Disclosure Project—CDP 2009（CDP7）Information Request"数据整理。

报告中还对 2007 年全球三大区机构排放量核查结果进行了公布。并设 2007 年李维斯全球机构碳排放数据为基准年，以评估和比较未来每年企业碳减排成效。2008 年制定了公司第一阶段（2008—2011 年）减排目标，目标是以 2007 年为基准年，到 2011 年李维斯碳排放量下降到 76000 吨 CO_2e，降幅为 11%。

与 2007 年相比，2008 年李维斯全球机构总排放量有所减少，但范畴 1 和范畴 3 的排放量有所增加，其中，美洲区因零售店减少，排放量有所下降，亚太区和欧洲区因零售店数量的增加，排放量随之提高。

（三）企业各类运营环节排放量

为了更全面地了解李维斯全球业务机构的各类运营活动的碳排放水平，自 2009 年开始，李维斯对全球业务机构的核查范围，扩大到价值链的各环节运营活动，包括：李维斯旗下的自营和租赁的办公机构、制造厂商、运输、分销中心和零售店。

2009—2010 年，李维斯在波兰、土耳其、南非和越南四国，拥有的自营牛仔裤加工厂，在北美四个城市设有自营分销中心，在全球110 个国家设有大约 55000 个零售店铺，其中自营店铺有 1900 个。

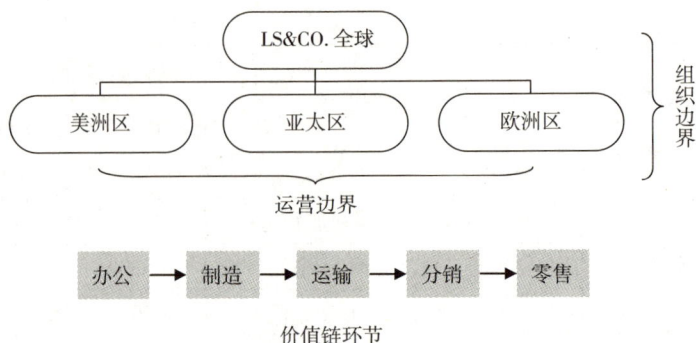

图 4-16　LS&CO.全球业务机构核查组织边界和运营边界范围设立

核查结果显示(见表 4-15),从企业碳总排放量看,2009 年,李维斯企业碳总排放量为 92098 吨 CO_2e,较 2008 年(91281 吨 CO_2e)有所增加。2010 年李维斯企业碳总排放量为 90311 吨 CO_2e,是自 2007 年核查以来的最低排放量,较 2007 年碳排放量下降了 3.13%。2011 年,范畴 2 间接排放中,美国区和欧洲区运营用电,通过购买可再生电力绿色电子认证,核准约 12150 吨 CO_2e,从范畴 2 实际排放的 75809 吨 CO_2e 中,抵消了 12150 吨 CO_2e 排放,最终 2011 年企业整个碳排放为 88986 吨 CO_2e。因此,较 2010 年碳排量下降了 1.5%。

表 4-15　2009—2011 年李维斯全球业务机构的二氧化碳排放数据

温室气体范围	组织边界和运营边界	二氧化碳排放量(吨 CO_2e)		
		2009 年	2010 年	2011 年
范畴 1		11991	11330	10404
按地区	美洲区(美国、拉美和加勒比)	4127	3823	3272
	亚太区(亚洲和澳大利亚)	1777	2525	2243
	欧洲区(欧洲、中东及北非)	6087	4982	4889
按业务环节	办公	1533	1622	1181
	零售	1076	895	997
	分销中心	3020	3224	2717

续表

温室气体范围	组织边界和运营边界	二氧化碳排放量(吨 CO₂e)		
		2009 年	2010 年	2011 年
按业务环节	制造	6110	5589	5257
	运输	252		252
范畴 2		72752	68824	75809(抵消12150)
按地区	美洲区(美国、拉美和加勒比)	44642	45807	45074
	亚太区(亚洲和澳大利亚)	8608	8894	18804
	欧洲区(欧洲、中东及北非)	19502	14123	11931
按业务环节	办公	11451	9910	7779
	零售	16133	17534	17966
	分销中心	31744	29941	28013
	制造	13424	11439	21893
	运输			158
范畴 3	公司人员公务旅行(乘飞机)及租车	7355	10157	14923
企业总排放量		92098	90311	101136(抵消后为88986)

资料来源:根据"LS&CO. Response to Carbon Disclosure Project 2010"、"2011 Carbon Disclosure Project—Investor Questionnare Response"和"LS&CO. 2012 Carbon Disclosure Project—Investor Questionnare Response"数据整理。

从运营环节看,范畴1和范畴2核查结果显示(见图4-17和图4-18),分销中心碳排放量占比最大,2009年和2010年均在41%。其次,是零售环节和制造环节,碳排放量占比在20%以上。

范畴1中,碳排放主要来自制造环节使用的能源产生的直接排放。范畴2的间接排放,是李维斯主要排放源,来自零售店和分销中心外购电力。因此,从价值链主要环节核查,弄清楚哪些业务是高排放源,有助于企业采取节能减排措施。

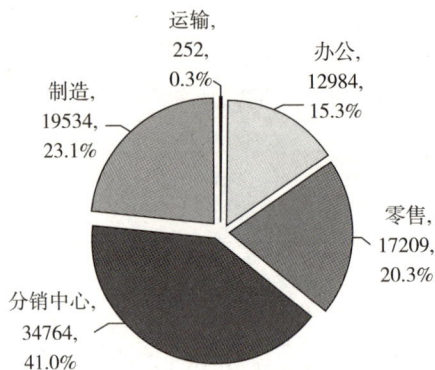

图 4-17　2009 年范畴 1 和范畴 2 各环节碳排放

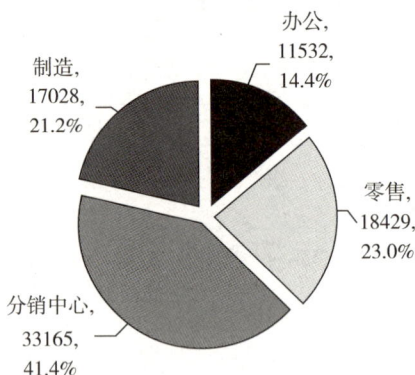

图 4-18　2010 年范畴 1 和范畴 2 各环节碳排放

（四）披露企业能耗及构成

通过核查,李维斯了解碳排放主要来自分销中心和零售店的范畴 2 的外购电力,用于日常经营照明和取暖用电,自 2010 年开始,李维斯在碳信息披露报告中,将企业各类能耗清单进行披露(见表 4-16)。

表 4-16　李维斯能耗数据披露

能源类型	2010 年（MWh）	2011 年（MWh）	2012 年（MWh）	2013 年（MWh）	2014 年（MWh）
石化燃料	44109	21578	38914	42280	42039
其中:馏分燃料油	6700	3425	2143	3247	3108

续表

能源类型	2010 年（MWh）	2011 年（MWh）	2012 年（MWh）	2013 年（MWh）	2014 年（MWh）
柴油燃料	222	39	15	15	22
液化石油气	1774	3896	2226	3622	4322
天然气	—	14218	34530	35395	34586
电力	136681	127613	124526	116220	114164
热力	1861	1605	1510	1625	1253
蒸汽	25482	68282	20575	24257	26344

资料来源:根据"LS&CO.2011 Carbon Disclosure Project—Investor Questionnaire Response""LS&CO. 2012 Carbon Disclosure Project—Investor Questionnaire Response""LS&CO. 2013 Carbon Disclosure Project—Investor Questionnaire Response""LS&CO. 2014 Carbon Disclosure Project—Climate Change Information Request"和"LS&CO.2015 Carbon Disclosure Project—Climate Change Information Request"数据整理。

　　李维斯经营活动能耗来自电力、原油、热力和蒸汽。其中,电耗占企业整个能耗的比重达 60% 以上。2011—2014 年,李维斯经营活动电力消耗较 2010 年逐渐减少,主要是企业采取措施,通过改造零售店和分销中心照明为 LED 灯,减少了耗电量,还积极购买可再生电能抵消碳减排。

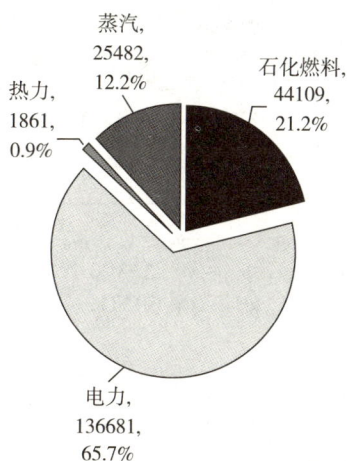

图 4-19　2010 年李维斯能耗及占比

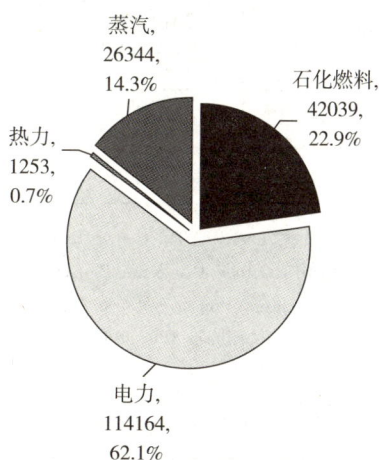

图 4-20　2014 年李维斯能耗及占比

石化燃料占李维斯企业能耗比重的 20% 以上。2010—2014 年，石化燃料消耗量变化较小。在石化燃料中，天然气使用量最大，2014年占石化燃料消耗的 82% 以上。根据气候注册局（The Climate Registry）公布的基于天然气热值的二氧化碳排放因子，天然气的碳含量为：0. 181 吨 CO_2e/MWh，低于液化石油气（0. 2112 吨 CO_2e/MWh）。在石化燃料中，尽量使用天然气，天然气消耗量在逐年增加，从 2011 年的 14218 MWh，2014 年上升至 34586MWh。

（五）购买可再生能源用以碳抵消

自 2011 年开始，李维斯获得美国可再生能源证书（Renewable Energy Certificates，RECS，是一种绿色电子认证），购买美国机构所使用的可再生能源。在欧洲的分支机构，从可再生能源来源机构（Guarantees of Origin）的供应商购买可再生能电力。并在年度碳信息披露项目报告中，提高购买排放清单边界以外的再生能源数据（见表 4—17）。

表 4-17　李维斯购买可再生能源数量

购买地点	2011 年（MWh）	2012 年（MWh）	2013 年（MWh）	2014 年（MWh）
美国	9000	17976	14047	10097
欧洲	12000	7783	5807	13475

资料来源：根据"LS&CO.2012 Carbon Disclosure Project—Investor Questionnaire Response""LS&CO. 2013 Carbon Disclosure Project—Investor Questionnaire Response""LS&CO. 2014 Carbon Disclosure Project—Climate Change Information Request"和"LS&CO.2015 Carbon Disclosure Project—Climate Change Information Request"数据整理。

根据李维斯《2012 气候变化战略》减排目标，到 2020 年企业实现购买可再生能源的比重占整个能耗的 20%。2011—2014 年，购买可再生能源主要用于范畴 2 的碳抵消。

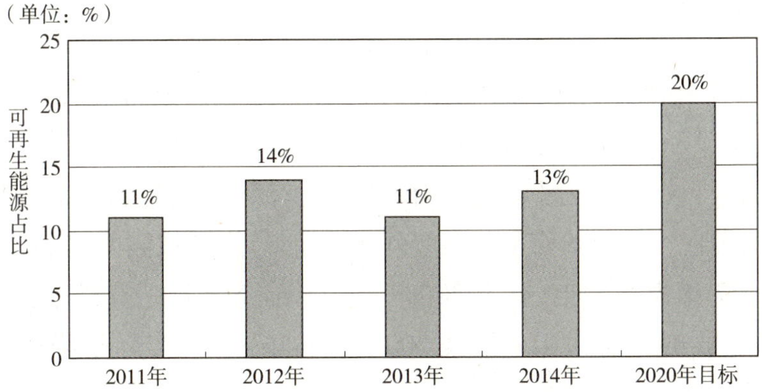

（单位：%）

图 4-21　2011—2014 年李维斯购买可再生能源占能源消耗比重及目标

例如：2011 年,李维斯在欧洲的 23 个零售店、9 个办公机构、英国的 1 个分销中心,使用的电力均购买 100% 可再生能源。同时,美国旧金山总部和其他机构经过 RECS 核查,购买可再生电力(绿色电子认证)。2011 年范畴 2 碳抵消额为 12150 吨 CO_2e。2014 年,李维斯在波兰的服装加工厂实现了 100% 的用电来自购买可再生能电力,降低了碳排放量。

三、LS&CO.节能减排措施

(一)关注环境问题,主动开展环境管理

李维斯作为全球最著名和最大的牛仔裤品牌商,面对全球气候变化,可谓服装界的领先者。1987 年,世界环境与发展委员会(WCED)发表了报告《我们共同的未来》,正式提出了可持续发展概念。随后,1991 年,李维斯将可持续发展的理念融入企业文化,对其供应商提出《商业合作伙伴条款》的环保行为准则,对旗下的牛仔裤加工厂定期检查。

(二)顶层设计入手,制定 2012 气候变化战略

李维斯的发展始终遵循对社会、经济、环境和员工的可持续性理念,并将可持续理念融入企业经营和管理过程中。李维斯意识到,碳排放是全球气候变化的主要原因。自 2006 年,开始在美洲区,2007 年延伸到全球经营活动,进行碳排放核查,包括范畴 1 的直接排放和范畴 2 的间接排放。在全球经营机构中,范畴 1 和范畴 2 碳排放大都是因购买电力,其他还有购买蒸汽和天然气等燃料的消耗。自 2009 年,李维斯开始发布碳信息披露报告(CDP)。以 2007 年为基准年,提出 2008—2011 年企业第一阶段减少温室气体排放的目标,2011 年较 2007 年下降 11%,实际下降了 13%(见图 4-22)。

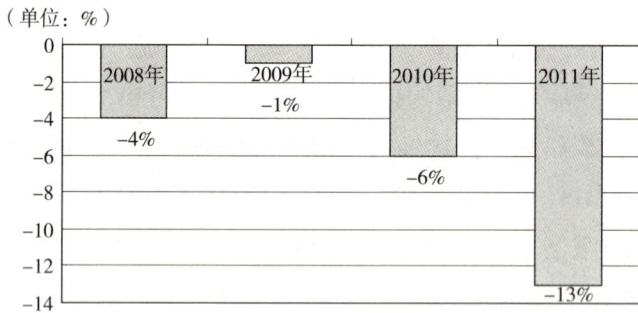

图 4-22 基于 2007 年第一阶段范畴 1 和 2 温室气体排放下降幅度

完成第一阶段目标后,2011 年,李维斯制定了《2012 气候变化战略》,并发布第二阶段的碳减排目标,以 2007 年为基准年,到 2020 年,较基准年,办公机构、零售和分销机构碳排放降低 25%。

基于 2011 年开始购买可再生能源,实现了范畴 2 的碳抵消,2011 年碳抵消后,李维斯范畴 1 和范畴 2 碳排放量为 74063 吨 CO_2e。2012 年李维斯碳信息披露报告中,对 2011 年碳排放数据重新核算后,2011 年范畴 1 和范畴 2 温室气体排放降幅从 13%,下调到降幅为 24%(见图 4-23)。主要原因:李维斯在 10 个以上的服装加工厂分销中心,实施了能源效率和节约项目(energy efficiency and conservation project)，减少了 3330 吨 CO_2e 的排放；整个欧洲区的零售店、办公机构和分销中心 100% 购买可再生能源，由此，减少了 3039 吨 CO_2e 的排放。

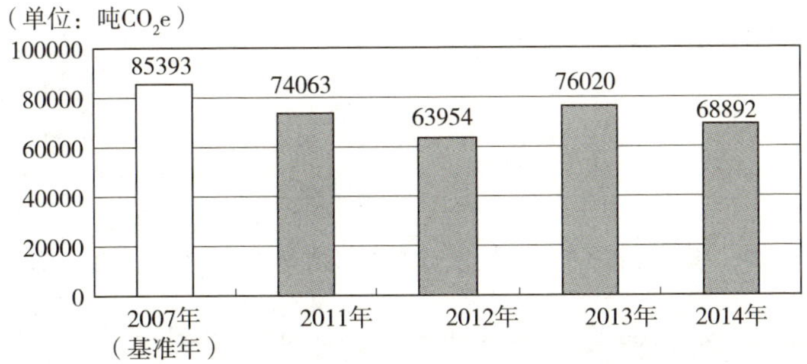

（单位：吨CO_2e）

图 4-23　2012—2014 年 LS&CO. 范畴 1 和范畴 2 碳排放量

2012 年范畴 1 和范畴 2 温室气体排放下降了 25%，主要原因：李维斯在土耳其的服装加工厂，安装了热力回收系统，将工厂的干燥器中废热回收，减少了 25% 的蒸汽能的消耗；在美国所有的零售店进行照明改造，用 LED 灯取代了卤素灯；将 3 个公司办公机构的能源效率提升。

2013 年范畴 1 和范畴 2 温室气体排放下降了 19%，主要原因：李维斯在波兰的服装加工厂，自 2013 年 7 月实现了 100% 的用电来自购买可再生能源，降低了碳排放；在美国所有的零售店进行照明改造，用 LED 灯取代了卤素灯；最大的一个分销中心，为压缩机和冷却塔安装了变速马达。

2014 年范畴 1 和范畴 2 温室气体排放下降了 26%，主要原因：李维斯两个最大的分销中心安装了节能照明，其中一个把屋顶改装为白色，减少了空调的使用；李维斯在波兰的服装加工厂实现了100% 的用电来自购买可再生能源，降低了碳排放。

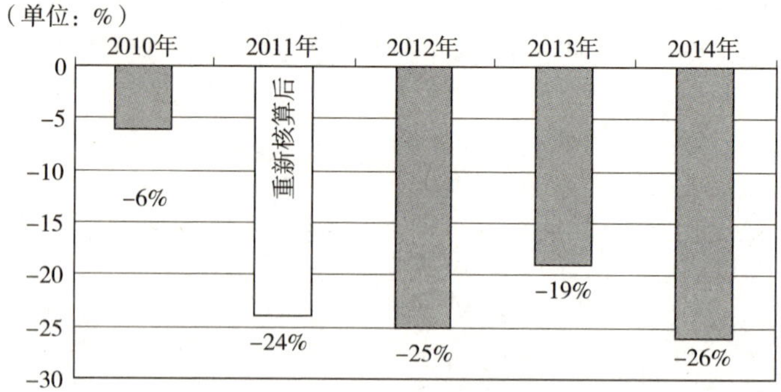

（单位：%）

| | 2010年 | 2011年 | 2012年 | 2013年 | 2014年 |

图4-24　基于2007年第二阶段范畴1和范畴2温室气体排放下降幅度

（三）积极参加国际相关机构，参与规则的制定

2008年，李维斯加入气候与能源商业创新政策组织（Business for Innovative Climate and Energy Policy，BICEP），并为发起成员企业之一。作为BICEP成员，2010年参与美国气候与能源法规的制定。

2008年李维斯加入世界资源机构的另一个组织绿色能源小组（Green Power Group），参与美国可再生能源优惠税的修订工作。并与其他公司、非营利组织、智囊团联名，在公开媒体上，支持国会通过可再生能源优惠税法规。与其他美国公司一起，支持美国"2008气候变化法"（2008 Climate Change Legislation）的通过。

2009年李维斯参加由全球750家公司签署了《应对气候变化的哥本哈根会议联合公报》（Copenhagen Communiqués on Climate Change），提交给当年在哥本哈根举办的气候大会20国峰会。此前，李维斯还参加在墨西哥坎昆举办的国际气候变化谈判会议等。因此，作为一个具有社会责任感的全球服装品牌企业，长期以来，不仅关注环境问题，还作为发起者之一，加入多个国际组织，参与应对气候变化问题国际规则的制定和谈判，同时，承诺碳减排目标。

李维斯还是全球首家（2002年）制定和实施"限制物质清单"的

服装企业(见本章第二节),要求供应商从设计环节开始导入可持续发展理念。李维斯也是良好棉花发展协会的创始成员(2009 年),从原料环节要求棉花供应商减少对环境的影响。

(四) 主动采取措施,减少碳排放

企业从三个方面减少对环境的影响:一是在产品生产过程中,减少对环境的影响;二是企业各经营机构(办公机构、分销中心和零售店等)的日常经营活动减少对环境的影响;三是向消费者倡导环境友好型理念和使用后旧牛仔裤的回收。

在上述三个方面,李维斯分别采取措施减少对环境的影响:在2007 年,完成牛仔裤产品全生命周期碳足迹评价;自 2007 年开始,连续 8 年对企业组织碳足迹核查结果进行信息披露;在李维斯门店,开展包括自由品牌在内的各类旧衣物回收活动,节约资源,减少垃圾,减轻环境压力。

从企业各机构碳排放量占范畴 1 和范畴 2 比重看,2014 年分销中心占企业总排放量的 41%,制造环节占 24.3%,零售环节占22.9%,办公环节占 11.8%。李维斯分别对上述四个环节采取减排措施,如图 4-25 所示。

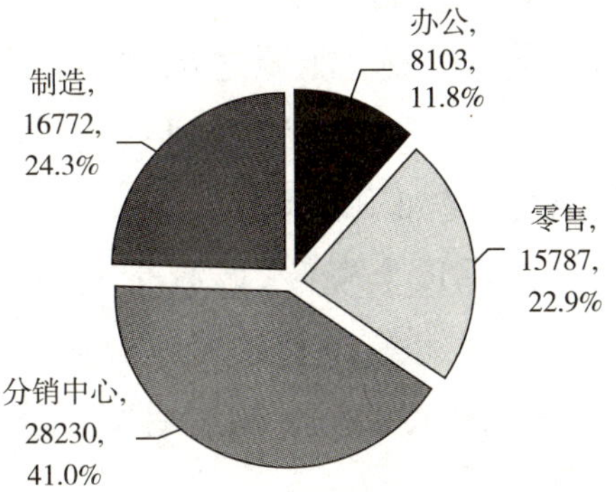

图 4-25　2014 年范畴 1 和范畴 2 各环节碳排放

1.办公机构减排措施

为了提高能源效率,通过改造照明、取暖、空调减少碳排放。例如,对旧金山的总部大楼进行了照明改造,用 LED 灯照明,并获得由美国绿色建筑委员会颁发的"能源与环境设计"(Energy and Environmental Design)认证。从建筑设计,到取暖、通风、空调、照明体系,对大楼进行了节能改造。2011 年,该大楼获得 LED 金奖。

2.零售店减排措施

随着李维斯全球零售店数量的增加,温室气体排放也随之提高。因此,零售店的扩张已成为影响企业减少温室气体排放重要的因素。李维斯率先在法国巴黎、比利时列日和英国伯明翰三个零售店实施 LED 照明,并获得商业内饰(Commercial Interiors)认证,收效明显,较欧洲区其他零售店平均水平,至少减少了 37% 的能耗,主要改造措施包括:店内节能环境和现场照明;将日照引入店内,减少灯照;安装自动滑动门带有同步空气幕;安装高效节能加热,通风和空调系统。同时三个店的用电使用 100% 可再生电力。

3.分销中心减排措施

李维斯全球 12 个分销中心,占企业整个范畴 1 和范畴 2 碳排放的比重最大,也是重点进行节能改造环节。最大的分销中心位于内华达州亨德森,最早实施"能源之星"投资组合管理。该中心进行多项节能改造,包括:升级能源管理系统,以便更有效地调控大楼的空调、取暖温度;增加了移动传感器,在没有人时,照明自动关灯;用白色涂料替换屋顶上瓷砖,以减少制冷的使用;安装变频控制器,减少设备运行时间等。上述措施减低了该中心 26% 的能耗,"能源之星"第一次测试 37 分,改造后第二次测试评分上升到 53 分。

4.制造环节减排措施

李维斯直接经营的加工厂,主要在越南、南非、波兰和土耳其。

其中2010年土耳其的加工厂获得ISO 14001的环境管理认证,2011年波兰的加工厂获得OHSAS 18001认证。为了达到认证标准要求,重点改造了控制能源管理系统。例如,土耳其工厂安装了几台热处理系统,将使用后的热气回收,再用于工厂其他地方的取暖需要,最终节省了大量的能耗。之后,将热处理体系推广到其他工厂,以减少水洗环节的能耗。另外,积极使用可再生能源。

第三节　帝人品牌典型案例研究

一、企业可持续发展战略

帝人集团分别于1992年和2007年发表了《帝人集团地球环境宪章》和《环境经营宣言》。高度重视业务活动带给地区环境的负荷,推动以"环保""环保设计"和"环境商务"为核心的环境经营。

(一)《帝人集团地球环境宪章》

帝人集团渴望可持续发展的社会,为实现企业理念之一的"与地球环境共生,珍爱自然与生命",制定了以下内容的环境宪章。

第一,有效利用资源能源,努力降低环境负荷,为保护地球环境作贡献。

第二,提高有利于地球环保的科学技术水平,为社会提供降低环境负荷的产品与服务。

第三,通过集团员工的教育启蒙及与业务所在地区社会的合作,积极参加保护地球环境的社会活动。

(二)《环境经营宣言》

帝人集团环境纲领在1992年确定。随后,在2007年修改宣布了可持续的《环保经营宣言》。宣布在环境经营中开展"从原料采购、生产、产品的使用到废弃的产品全生命周期中降低环境负荷"的践行活动,并将"环保""环保设计"和"环境商务"作为环境经营的三项核心。

(三)帝人集团的环境目标

2007年12月确立帝人集团2020年的环境目标,具体见表4-18。

表4-18　帝人集团的环境目标

类　别	目　标
CO_2排放	截至2020年度,CO_2排放比1990年度减少20%或更多以上
	欧洲和美国:截至2020年度,CO_2排放比2010年度减少10%以上
	亚洲:截至2020年度,每单位生产量CO_2排放比2010年度减少10%以上
化学物质排放	截至2020年度,化学物质排放比1998年度减少80%以上
非有效利用废弃物排放	截至2020年度,"非有效利用废弃物"比1998年度减少85%以上

二、企业组织碳足迹评价结果分析

(一)帝人集团业务流程和环境管理概览

1.帝人集团的业务流程

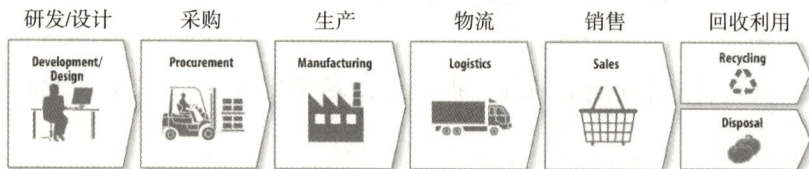

图4-26　业务流程

2.帝人集团环境经营核心元素

为了实施环境意识经营,帝人集团基于覆盖全部公司的活动的三个核心元素来减少环境影响。

除了遵守与环境影响相关的规章制度和与当地政府达成的协

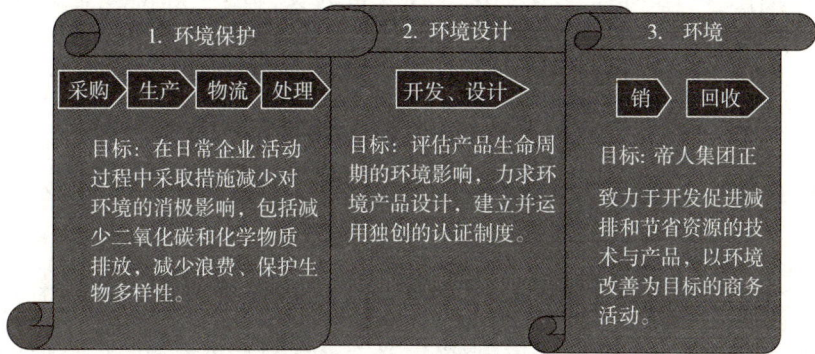

图4-27 环境经营的三项核心

议,帝人集团针对进一步减少企业活动的全部环境影响,正在进行不同的志愿活动,包括能源和不同的资源的高效利用,减少化学物质排放,管理或减少浪费,预防土壤和地下水污染,保护物种多样性。

(二)能源消耗与碳排放

帝人集团制定了2012年度到2020年度二氧化碳减排目标为二氧化碳减排率(2011年度为基准)每年改善1%以上。

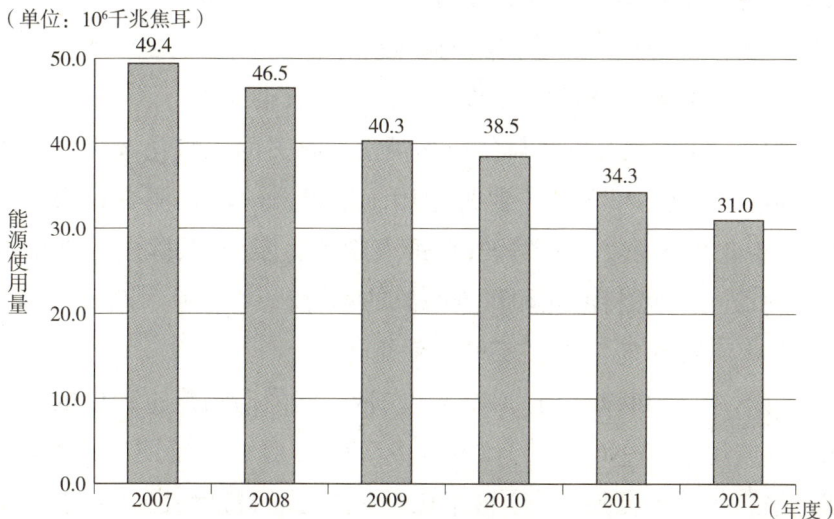

图4-28 能源消耗量变化

由图4-28可以看出：2012年度，帝人集团的能源消耗量为31×10^6千兆焦耳，同比减少10%。

1.生产过程中二氧化碳排放量变化

2012年度，帝人集团的二氧化碳排放量为225万吨，同比减少9%，针对帝人集团"二氧化碳减排率（2011年度为基准）每年在1%以上"的目标，已达到了设定目标。

2012年度，帝人集团日本境内的二氧化碳排放量为127万吨，同比减少4%，比1990年度削减了51%。针对帝人集团"日本境内：截至2020年度，二氧化碳排放量比1990年度减少20%以上"的目标，已提前达到了设定目标。主要由于能源节约措施的采取，如帝人有限松山工厂在聚合过程中蒸汽利用效率的增加和德山工厂制冷机泵的变流器的使用，以及德山工厂100%外部的电力供给的效果。

2012年度，帝人集团日本境外的二氧化碳排放量为77万吨，同比减少17%，比1990年度削减了17%。主要原因除了因洪涝灾害泰国三处工厂暂时停业外，还有荷兰帝人芳纶（Teijin Aramid B.V.）的清洗水合理化和美国东邦特纳克斯（Toho Tenax America Inc.）碳纤维工厂的废气处理改善等措施的奏效。

2.与公司车辆使用有关的二氧化碳排放量变化

2012年度，帝人集团与公司车辆使用有关的二氧化碳排放量为8314吨，同比减少2%。主要是把用于销售活动的车辆更新为经济型车，推进燃料高效率的驾驶，在帝人制药有限公司，除了以上措施外，还引进记录燃料消耗和行驶距离的系统。

3.物流过程中二氧化碳排放量变化

由图4-29可以看出：2012年度，帝人集团与物流过程中的二氧化碳排放量为13046吨，同比减少8.2%，针对帝人集团"二氧化碳减排率（2011年度为基准）每年在1%以上"的目标，已达到了设定目标。主要由于通过推进使用海洋和铁路运输，通过批量运输和减

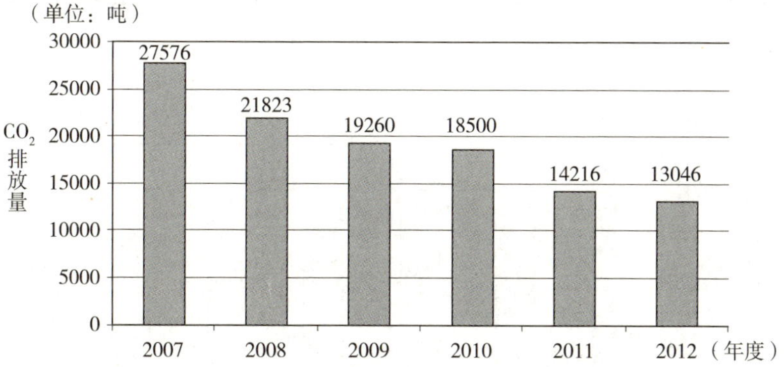

（单位：吨）

图 4-29　物流过程中二氧化碳排放量变化

少水运的数量来提高装载效率,以及提高载重汽车的载荷比,达到减少物流过程中的二氧化碳排放量。

4.来自办公室的二氧化碳排放量变化

2012 年度,帝人集团来自办公室的二氧化碳排放量为 11000 吨,同比减少 1%。主要由于采取了提高能源利用效率的措施,在夏季/冬季的一个独特措施是,除了鼓励办公室空调适宜开动外,公司清凉商业/温暖商业的倡议,鼓励适合季节着装来促进减少能耗和舒适的办公环境。

（三）化学物质排放量

帝人集团制定了 2012 年度到 2020 年度化学物质减排目标:即截至 2020 年度,化学物质排放量比 1998 年度削减 80%以上。

为防止环境污染,帝人集团着重削减化学物质排放,帝人集团正积极致力于减少所有化学物质的排放,这些化学物质在 2010 年 4 月修订后的化学物质管理法律里（462 种物质）被列为 1 类,并且被日本化学工业协会（433 种物质）所限制。排除重复列出的,帝人集团以 575 种化学物质为对象,大力削减其环境排放量。帝人集团化学物质排放量的削减目标为截至 2020 年度,化学物质排放量比 1998

年度削减 80% 以上。2007 年度至 2012 年度帝人集团化学物质排放量的变化见图 4-32。

（单位：万吨）

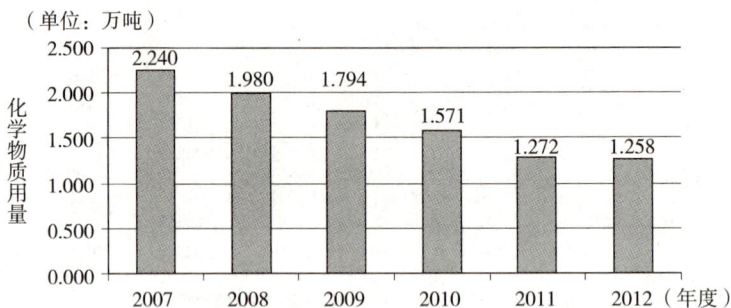

图 4-30　化学物质消耗量变化

由图 4-30 可以看出：2012 年度，帝人集团的化学物质消耗量为 1.258 万吨，同比减少 1%。

（单位：吨）

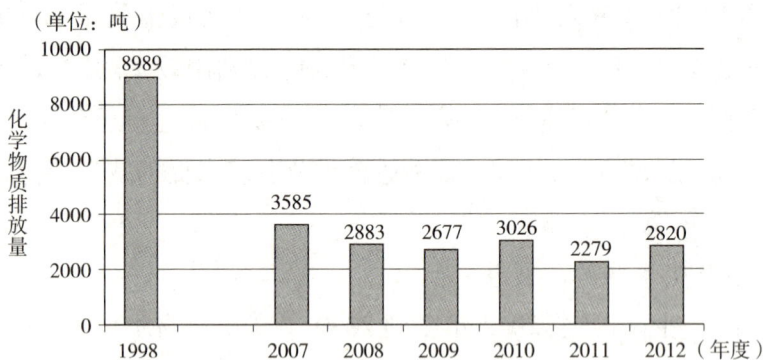

图 4-31　化学物质排放量变化

由图 4-31 可以看出，2012 年度帝人集团整体的化学物质环境排放量为 2820 吨，针对帝人集团"截至 2020 年度化学物质排放量比 1998 年度削减 80% 以上"的目标，比 1998 年度削减了 69%，但同比增加了 24%，主要原因：尽管日本境内各工厂改进生产线力求削减排放量，但由于溶剂用量同比增加了 11%，日本境外虽然采取了回收装置的维修措施,但受增产因素影响,同比增加了46%。

此外,2012年度的环境排放量中,大气排放占98.8%、水域排放占1.2%,无填埋或土壤排放。

(1)硫化物SOx排放量变化

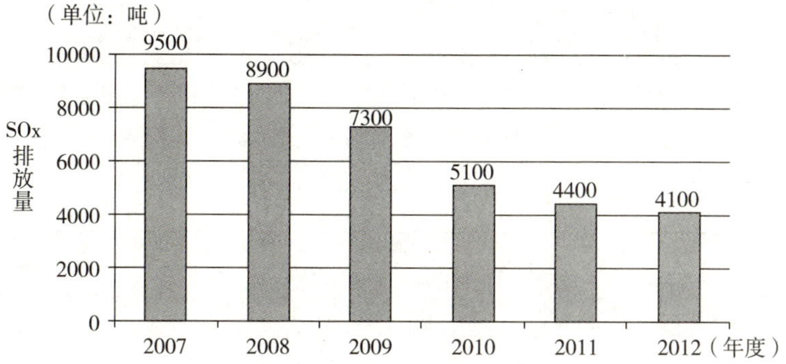

（单位：吨）

图4-32　硫化物排放量变化

由图4-32可以看出:2012年度,帝人集团由于燃料的使用产生的硫化物(SOx)排放量为4100吨,同比减少7%。其中日本境内总量为4000吨,同比减少5%,日本境外总量为100吨,同比减少50%。

(四)水资源消耗与减排

2012年度,帝人集团的工业用水、自来水、地下水等淡水消耗量为0.82亿吨,同比减少5%。主要用于制冷而使用的海水消耗量为0.46亿吨,同比减少40%,如图4-33。

1.总排水量变化

由图4-34可以看出:2012年度帝人集团总排水量为12100万吨,同比减少21%,主要由于采取了污水减排措施。

2.COD/BOD负荷量变化

由图4-35可以看出:2012年度帝人集团排水带来的COD负荷量(化学需氧量)和BOD负荷量(生化需氧量)为767吨,同比增加18%。

（单位：亿吨）　　　　■淡水　■海水

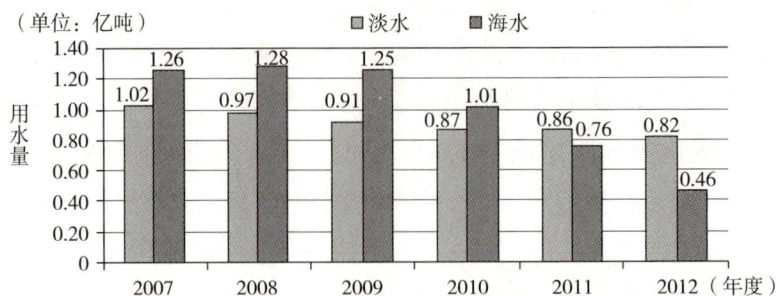

图 4-33　水消耗量变化

（单位：亿吨）

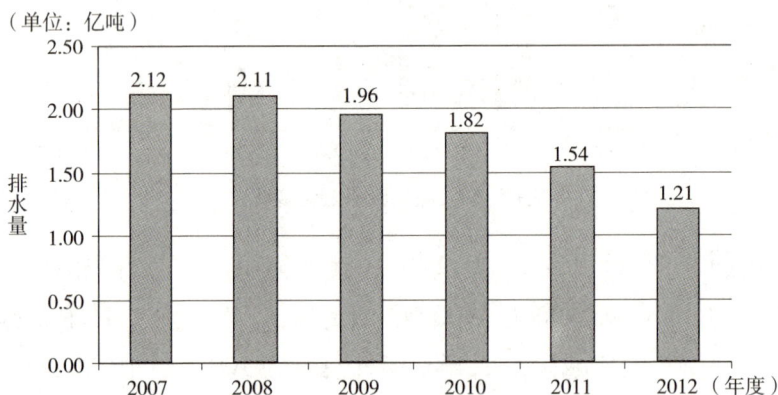

图 4-34　总排水量变化

（单位：吨）

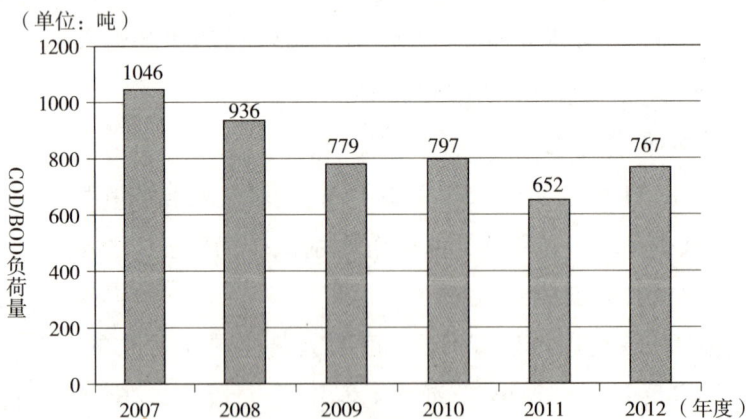

图 4-35　COD/BOD 负荷量变化

（五）非有效利用废弃物产生量

非有效利用废弃物是指不伴随热回收的焚烧处理或填埋处理的废弃物。节省资源,着重废弃物的管理与削减,帝人集团非有效利用废弃物的削减目标为:截至 2020 年度,非有效利用废弃物比 1998 年度削减 85% 以上。2008 年至 2012 年帝人集团非有效利用废弃物的变化见图 4-38。

帝人集团将非有效利用废弃物占废弃物总产生量的 1% 以下定为零排废。截至 2011 年度,废弃物排放量在 500 吨以上的日本境内所有工厂均达到了零排废,并制定了从 2012 年度起"产量单位消耗量的总排放量每年改善 1%"的新目标。

（单位:吨）

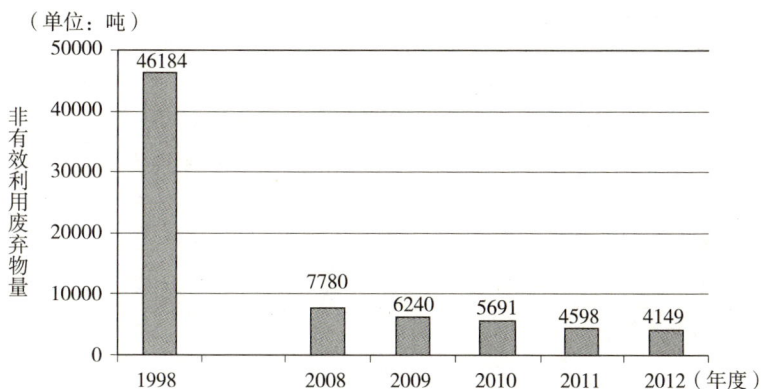

图 4-36 非有效利用废弃物产生量变化

由图 4-36 可以看出:2012 年度,帝人集团非有效利用废弃物的排放量为 4149 吨,比 1998 年度削减了 91%。针对帝人集团"截至 2020 年度,非有效利用废弃物比 1998 年度削减 85% 以上"的目标,已提前达到了设定目标。主要是由于帝人集团致力于减少废弃物产生量的同时,通过推进基于材料、化学药品或热处理的再利用、再循环的改变来减少非有效利用废弃物。

2012 年度,帝人集团非有效利用废弃物的排放量为 4149 吨,占废弃物总排放量 6.0 万吨的 6.9%。2012 年度日本境内的总排放量为 3.2 万吨,按产量单位消耗量计算,比 2011 年度改善了 6%,也达到了零排废的设定目标。日本境外有 2 处业务点和工厂达到了零排废。2012 年度在中国的树脂工厂采取的废弃物分类措施,提高了回收再生数量,推动了资源的有效利用。

第五章 国内知名服装企业组织碳足迹典型案例研究

第一节 国内服装企业组织碳足迹评价标准及实践

一、国内企业组织碳足迹评价标准

目前中国有关企业碳足迹评价主要的政策法规包括以下三大项:(1)《国民经济和社会发展第十二个五年规划纲要》,其中提出要建立完善的温室气体统计核算制度,逐步建立碳排放交易市场。(2)国务院《"十二五"控制温室气体排放工作方案》(国发〔2011〕41号),提出加快构建国家、地方、企业三级温室气体排放核算工作体系,实行重点企业直接报送温室气体排放数据制度。(3)国家发改委从2013年起先后三批印发24个行业企业温室气体排放核算方法与报告指南,其中包括《国家发展改革委办公厅关于印发首批10个行业企业温室气体排放核算方法与报告指南(试行)的通知》(发改办气候〔2013〕2526号)、《国家发展改革委办公厅关于印发第二批4个行业企业温室气体排放核算方法与报告指南(试行)的通知》(发改办气候〔2014〕2920号)和《国家发展改革委办公厅关于印发第三批10个行业企业温室气体核算方法与报告指南(试行)的通知》(发改办气候〔2015〕1722号)。

国家发改委的24个行业企业温室气体核算方法和报告指南是

中国相关行业企业核算自身碳足迹和碳排放的重要指导。上述行业企业温室气体核算方法和报告指南,具体涉及的行业企业包括:发电、电网、钢铁、化工生产、电解铝生产、镁冶炼、平板玻璃生产、水泥生产、陶瓷生产、民航企业、石油和天然气生产、石油化工、独立焦化、煤炭生产、造纸和纸制品生产、企业有色金属冶炼和延压加工、电子设备制造、机械设备制造、矿山、食品烟草及酒饮料和精制茶、公共建筑运营、陆上交通运输、氟化工。

而纺织服装行业企业在其中并未单独列出,只是在第三批中的《工业其他行业企业温室气体排放核算方法与报告指南(试行)》中规定:本指南适用于国民经济行业分类中那些尚没有针对性的行业企业温室气体核算方法与报告指南的工业企业,核算和报告自身温室气体排放量的相关术语、核算边界、核算方法、数据质量管理、报告内容、表单格式等内容。今后,随着重点企事业单位温室气体报告工作以及全国碳排放权交易制度的推进,国家有可能根据实践需要适时增补某些特定行业的企业温室气体排放核算方法与报告指南。

除了上述国家层面有关中国企业温室气体排放核算的相关规定外,一些地方政府也出台了相应的政策对温室气体排放进行管理。就纺织服装行业而言,根据《国民经济行业分类与代码(GB/T 4754—2002)》,纺织业分成7个子类:(1)棉、化纤纺织及印染精加工;(2)毛纺织和染整精加工;(3)麻纺织;(4)丝绢纺织及精加工;(5)纺织制成品制造;(6)针织品、编织品及其制品制造;(7)纺织服装、鞋、帽制造业。在7个子类中,印染是纺织业中温室气体排放相对最受关注的产业。雅戈尔集团所在地主要为浙江宁波。浙江省政府为贯彻《中华人民共和国环境保护法》《中华人民共和国大气污染防治法》《浙江省大气污染防治条例》等法律和法规,加强浙江省纺织染整工业大气污染物的排放控制,促进行业生产工艺和污染治理技术的进步,防治污染,保障人体健康,改善环境质量,结合浙江省纺织染整工业实际情况和特殊性,制定了浙江省的《纺织染整工业大气污染物排放标准》(DB33/ 962—2015)。这一标准规定了浙江省纺织染整企业或生产设施大气污染物排放限值、监测和监控要求。

国务院办公厅关于印发《2014—2015 年节能减排低碳发展行动方案》的通知(国办发〔2014〕23 号)中,提出 2014—2015 年的工作目标是:单位 GDP 能耗、化学需氧量、二氧化硫、氨氮、氮氧化物排放量分别逐年下降 3.9%、2%、2%、2%、5%以上;单位 GDP 二氧化碳排放量两年分别下降 4%、3.5%以上;"十二五"期间累计减排 2.8 亿吨二氧化碳当量。在加强工业节能降碳方面,文件提出:到 2015 年,规模以上工业企业单位增加值能耗比 2010 年降低 21%以上。持续开展万家企业节能低碳行动,推动建立能源管理体系;制定重点行业企业温室气体排放核算与报告指南,推动建立企事业单位碳排放报告制度;强化节能降碳目标责任评价考核,落实奖惩制度。到 2015 年年底,万家企业实现节能量 2.5 亿吨标准煤以上。

2014 年 11 月 25 日中国国家发展和改革委员会发布了《中国应对气候变化的政策与行动 2014 年度报告》,全面介绍了中国在应对气候变化方面采取的一系列政策措施和取得的成效。根据该报告,2013 年全国单位 GDP 二氧化碳排放同比下降 4.3%,比 2005 年累计下降 28.56%;同时减少碳排放采取的措施之一是自 2013 年以来,中国稳步推进低碳省区和低碳城市试点,积极组织碳排放权交易等试点示范的工作。同时国家也争取在 2016 年开始运行全国碳交易市场,碳排放权交易市场将形成统一的体系,纺织行业也面临着在 2016 年进入碳交易市场前期需进行的工作。全国碳交易体系的建立关系到行业企业未来发展方式的转变。纺织行业的低碳经济将在碳交易的刺激下加快脚步,碳交易将给企业节能低碳的发展注入更多的活力。碳交易的实行,一方面,对于超额排放企业,将会给企业带来更大的成本;另一方面,对于有富余排放权配额的企业,可以进行交易来降低生产成本。以碳排放权为标的物的市场交易,将会进一步加快推动产业结构的转型升级和发展方式的转变。

二、中国纺织服装业的组织碳足迹核查实践

从中国纺织服装企业的组织碳足迹核查实践来看,目前并没有按照国际标准化组织(ISO)ISO 14064-1 标准或者世界可持续发展工商理事会(WBCSD)及世界资源研究所(WRI)《公司温室气体盘查议定书》建立起完善的企业组织碳足迹评价制度。国内仅有极个别企业在进行组织碳足迹核查的尝试。

ISO 14001 标准主要规定了对组织的环境管理体系的要求,它能够用于对组织的环境管理体系进行认证/注册和(或)自我声明。一个组织可以通过成功实施该标准,使相关方确信它已建立了适当的环境管理体系。其对组织的环境管理体系要求主要包括:总要求;环境方针;规划(策划),其中包括:环境因素、法律法规和其他要求、目标指标和方案;实施与运行,包括:资源职责和权限、能力培训和意识、信息交流、文件及文件控制、运行控制以及应急准备和响应;检查;管理评审。从上述 ISO 14001 标准涉及的条款可以看出,虽然与环境保护相关,但 ISO 14001 标准并没有对企业组织碳足迹评价作出具体的规定。

减少温室气体的技术可以分成温室气体减排技术的研究、碳捕捉技术以及增加碳汇技术,其中又以温室气体减排技术为主。纺织行业温室气体减排技术主要集中在减排。目前,研究纺织行业温室气体减排技术有以下的特点。

温室气体减排技术研究的范围基本上集中在节能技术。对纺织

服装企业碳排放量以及纺织品碳足迹分析,可知能源是纺织行业碳排放的主要途径,对于有的企业甚至是最大的排放渠道。然而,纺织行业碳排放不仅限于能源的消耗,尤其是新能源和再生能源使用会引起能源消耗所引起的碳排放。

虽然在纺织行业温室气体减排技术的研究和开发方面存在着许多问题。但是,我们也应当看到纺织行业以及其他行业对温室气体减排技术研究和开发的积极性,看到许多温室气体减排技术已经得到了广泛的应用,并取得了一定的成效。这为建立纺织行业温室气体减排技术评价体系打下了良好的基础,提供了许多的案例。

依据国际和我国对温室气体的定义,温室气体应该包括二氧化碳(CO_2)、甲烷(CH_4)、氧化亚氮(N_2O)、氢氟碳化物(HFCs)、全氟碳化物(PFCs)和六氟化硫(SF_6)。分析纺织行业的生产过程,各种温室气体产生的可能来源可见表5-1。

表5-1　温室气体的产生

序号	温室气体	产生原因	产生量的情况
1	CO_2	燃料的燃烧、碳酸盐的消耗	大
2	CH_4	废水和废物的处理过程	相对较少
3	N_2O	废水处理过程	情况不太明确
4	HFCs	空调制冷剂	少量
5	PFCs	基本不产生	基本没有
6	SF_6	特殊的电气装置有产生和释放	少量

表5-1仅归纳了直接产生的情况,间接产生的情况例如电耗,没有归纳在表5-1中。从表5-1可见,对于纺织行业来说,主要的温室气体种类有CO_2、CH_4;还有少量的HFCs和可能的SF_6,对于N_2O需要进行研究。

　　从纺织服装业的总体来说,在温室气体减排时应该考虑所有的 6 种温室气体。原因是纺织行业涉及的行业和应用的技术多,有可能产生一定量的温室气体,尤其是纺织品生产过程中使用的助剂和辅料种类,其中部分助剂可能使用过程反应或分解产生温室气体。

　　研究纺织服装业温室气体排放的途径是研究温室气体减排技术的前提。纺织服装业温室气体排放可以分成生产过程的排放,例如,燃料的消耗、助剂和部分原材料的消耗等等,以及非生产过程的排放,例如,制冷剂的消耗、废水和固体废物的处理等等。

　　以纺织印染企业棉产品加工为例,分析纺织行业温室气体排放的途径可以参见图 5-1。

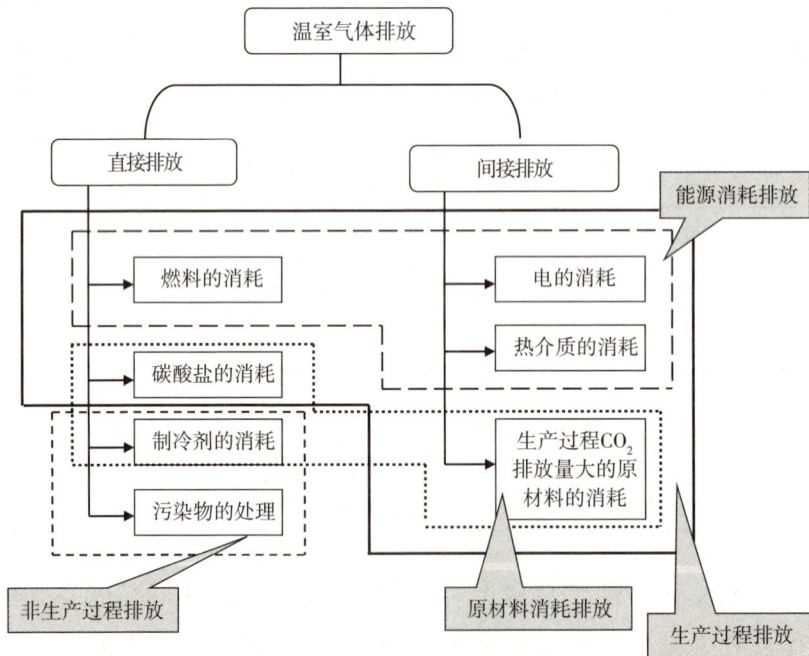

图 5-1　纺织行业温室气体排放示意图

随着低碳经济的深入以及温室气体减排技术的发展,将会有更多的技术出现。根据温室气体产生的途径,纺织服装业温室气体减排技术的主要分类如下。

改变能源结构减排技术:是指改变能源种类达到温室气体减排的技术,例如,太阳能热能技术、太阳能光伏发电、风电技术(是指企业内直接使用风力发电)以及生物质能源使用等。

改进原材料减排技术:是指通过减少原材料的消耗或者改变原材料种类达到温室气体减排的技术,这些原材料可以是在使用过程中直接排放温室气体,也可能是在生产过程中释放大量温室气体的原材料,例如,替代碳酸盐技术、减少制冷剂消耗技术、替代PVA技术等。

提高能源利用效率减排技术:是指能够减少能源在储存、转换、输送和使用过程消耗的技术,能源包括一次能源、二次能源等。例如,提高锅炉燃烧效率技术、提高电机效率技术、低浴比染色技术、余热回收技术、余压利用技术等等。

改进污染物处理减排技术:是指在处理和处置污染物过程中减少温室气体排放的技术,例如,减少废水厌氧过程甲烷产生技术、减少污泥产生技术等。

改进工艺减排技术:是指通过工艺改进达到减少温室气体排放的技术。工艺改进主要是指利用现有设备实施新工艺导致减排,例如,针织织物生物酶煮漂工艺、织物生物除毛绒等等;也可以包括对原有工艺进行革命性改进。例如,冷堆法前处理工艺和染色工艺、泡沫染色和整理工艺。

运营管理减排技术:是指改进和提高管理水平达到减少温室气体减排的技术。例如,在线检测和控制加碱技术、能源管理中心、计量管理技术等。

本项目中的技术分类是从温室气体排放途径着手进行分类的。

表5-2是部分温室气体减排技术的分类以及案例。

表5-2　温室气体减排技术的分类与案例

序号	分　类	温室气体减排技术举例
1	改变能源结构减排技术	生物质燃料、太阳能的利用
2	提高能源利用效率减排技术	新型变压器的使用、变频器的使用、新型疏水阀、锅炉过量空气系数控制技术、耗热设备的保温、高温废水余热回收技术、热定形机尾气余热回收技术、节能风机
3	改进原材料减排技术	代替碳酸盐技术、染化料自动输送系统、淡碱回收技术、替代PVA浆料
4	改进污染物处理减排技术	厌氧过程甲烷碱量技术、污泥减量化技术
5	改进工艺减排技术	冷堆法前处理与染色、连续水洗工艺、退煮漂短流程工艺、低浴比染色技术的应用
6	运营管理减排技术	减少消防器材的损耗、减少空调机制冷剂的损耗、在线监测和控制仪器

第二节　溢达品牌典型案例研究

溢达集团成立于1978年,是一家全球领先的纺织品和服装制造商,拥有从棉花种植到服装零售的纵向一体化供应链,每年为世界知名品牌如拉夫·劳伦(Ralph Lauren)、汤米·希尔菲格(Tommy Hilfiger)和耐克(Nike)生产超过1亿件成衣。溢达在全球拥有58000名员工,生产基地主要位于中国、马来西亚、毛里求斯、斯里兰卡和越南,并在全球各地设有销售办事处。溢达集团主要产品是棉花、纺纱、布、梭织布、针织布、制衣辅料,除制衣外,集团还设厂生产制衣辅料,如纽扣、织唛及多种包装材料包括塑料袋、纸袋、不干胶标签和硬纸盒等。溢达是最具活力和最先进的全球化纺织及服装制造商之一,是世界领先的高档纯棉衬衫生产商之一。

一、溢达集团可持续发展战略

溢达集团执行的企业组织碳足迹的标准为《温室气体(GHG)议定书》及国际标准组织 14064(ISO 14064)。为了促进基层经营的可持续发展,溢达在全球各厂测试了《可持续发展服装联盟(SAC)新评定指数 2.0 版》,并以其作为溢达全球环保绩效的衡量标准。溢达支持并积极参加各种国家倡议的环保活动,如由公众环境研究中心和自然资源保护协会共同开发的企业环境公开指数。《2014 年绿色全球供应链》报告对 147 个国际品牌的供应链环境管理进行评估并排名,溢达名列第三,是前十名中唯一的纺织与服装制造商。

溢达的可持续发展战略涵盖了四项行为,即原则减少对环境的影响、投资于溢达的员工、创新产品和服务我们身处的社区。2013年溢达设立了可持续发展委员会,以规范和监督上述管理策略及其实施情况。委员会由独立非执行董事担任主席,负责下属四个部门的统筹工作,每个部门各自负责执行上述四项行为原则之一。这四个部门接受集团高管和董事会成员的共同监督。委员会遵循可持续发展纲领的具体准则,明确及监测集团各项重大举措,并根据实际需求授权管理层和员工执行相关工作。

溢达集团企业文化包括五个内涵:道德操守(Ethics)、环境意识(Environment)、开拓求新(Exploration)、卓越理念(Excellence)、学习精神(Education)。企业文化和环境管理贯穿于整个组织的日常工作。例如,对于环境意识和开拓求新理念,试验开发更好的植物染料,在棉田里使用天然除虫方法。

溢达集团通过改善预测、采购和资源规划机制,标准化生产以及大批量订单有效提升了流程管理的水平。溢达将已有的长期合作伙伴关系把新的服务协作模式引入供应链,并据此重新设计优化业务以及其构成过程,进而提高生产技术、纺织科学知识储备及学习能力。溢达一体化可持续发展协作战略(见图5-2)显著提高了后续的产能管理和一体化供应链生产流程效率,提升了企业竞争力和一体化可持续发展水平。

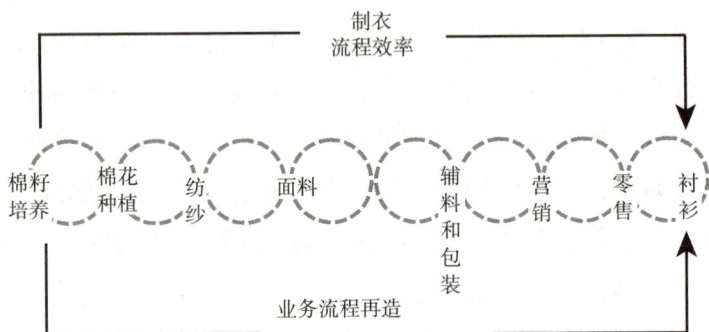

图5-2 溢达一体化可持续发展协作

二、企业组织碳足迹评价结果分析

(一)举办行业可持续发展论坛,倡导减排

溢达集团多年来不断加大环保投入,追踪碳足迹,持续提升治污水平,积极开展节能减排,成效卓著。溢达集团在2001年、2002年、2008年、2013年先后举办了四届可持续发展论坛,从人与自然、环境与经济协调发展,生态环境、文化遗产与经济发展,科技创新与中国纺织工业可持续发展,推动着社会和纺织行业的可持续发展,倡导节能减排。

溢达集团环境保护方针的两个目标:一是最有效地使用水和电等有限资源;二是将有害于环境的排放减至最低。其中,为了加强节能降耗和环境保护,公司于2005年成立了能源管理委员会,主要负责节能及环保工作的开展。能源管理委员会在各生产厂均安排一至两人参与节能降耗和环境保护工作,配备的人员总数在

20人以上。此外,公司的公共关系部负责公司环保宣传及环保活动的安排和筹备;公司的采购部门也参与到清洁生产工作中,他们通过采购对环境友好的原辅材料和设备、规范管理生产活动中产生的固体废弃物等,为公司的清洁生产工作作出积极贡献。公司每年在清洁生产等方面的经费预算超过1亿元,有效地保障了清洁生产工作的顺利展开。

2005年溢达公司成为广东省第二批清洁生产企业;2006年,被佛山市经贸局和广东电网公司联合授予"科学用电之节能改造先进企业";2008年,被评为"佛山市环境保护模范企业";2009年,公司的"低水位环保节能染纱技术开发与应用"分别获得佛山市科技进步二等奖、广东省科技进步奖三等奖和中国纺织工业协会科学技术奖三等奖;2010年,获得"广东省节能贡献奖";2011年,成为广东省第二批循环经济试点单位;自2007年以来,连续5年被广东省经信委评为"超额完成"节能等级的"节能先进单位",并获得奖励;2012年,获得"中国针织行业环境优化、节能减排优秀企业"称号。此外,公司还被广东省环保厅评为"2006—2012年度环保诚信企业"和多年的绿牌企业,以及被香港工业总会及恒生银行授予恒生珠三角环保大奖绿色奖章。

溢达集团实施生产全过程控制、质量保证和环境管理体系,先后一次性通过德国TUV PS、中国质量认证中心广东分中心(CQC)、广东质量体系认证中心(现广东中鉴认证有限责任公司)(GACC)ISO9001国际质量管理体系认证,成为国内首家同时获得国内国外双重质量认证的纺织企业。公司分别在1995年和2000年就已经顺利通过中国质量认证中心(CQC)的质量管理体系(ISO9001)和环境管理体系(ISO 14001)的认证,使公司的环境管理走向科学化、现代化。2008年,公司顺利通过欧盟CU(Control Union)的全球有机纺织品标准(GOTS)认证。2009年,溢达牌针织布、色织布顺利通过中国环境标志产品认证。2010 年,公司顺利通过测量管理体系(ISO10012)认证及 Oeko-Tex Standard 1000 认证,标志着公司在质量管理和环境保护方面的不断完善。2012 年公司温室气体管理体系(ISO 14064-1)顺利通过了英国标准协会(BSI)的认证。在取得认证的同时,公司还积极开展污染预防治理工作,严格监控公司的整条生产链,检查每个生产环节,持续改善公司的环境表现及环境绩效,以确保达到最佳的环保指标。

(二)生产流程优化与能耗

溢达进行着各种提升能源利用效率的尝试,每年的能源消耗也逐渐减少。现阶段溢达专注于利用可再生能源及创新技术进行生产流程的优化,并推出了一系列举措,沿供应链优化流程,降低能源消耗。各个生产厂区的管理团队负责监管生产流程上具体措施的执行情况。

广东溢达纺织中心设定了一个严格的节能目标:从 2014 年到 2016 年实现每年能源单耗减少 15%的目标。在广东工厂地区引入了"能源管理系统",并持续关注能源管理,期望在节能方面取得更大的进展。在斯里兰卡,溢达生物质锅炉工程采用棉织物废料作为可再生燃料使用。自 2014 年采用该技术至今,溢达在斯里兰卡的碳排放量已减少了一半。

2005 年到 2014 年间,溢达的生产能源单耗减少了 43%,而服装生产产量在此 10 年间增加了 75%,见图 5-3。自 2010 年以来,节能技术的应用和机器设备的升级使溢达生产所带来的全球能源消耗已大大减少,生产能源单耗下降 20%,而同期在全球的服装生产产量增长超过了 22%。

(三)水资源管理与废水循环利用

作为保护自然资源和环境的先行者,溢达采取了一系列积极的措施,包括创新技术和投资基础设施来保护水资源,减少对当地水源

（单位：%）

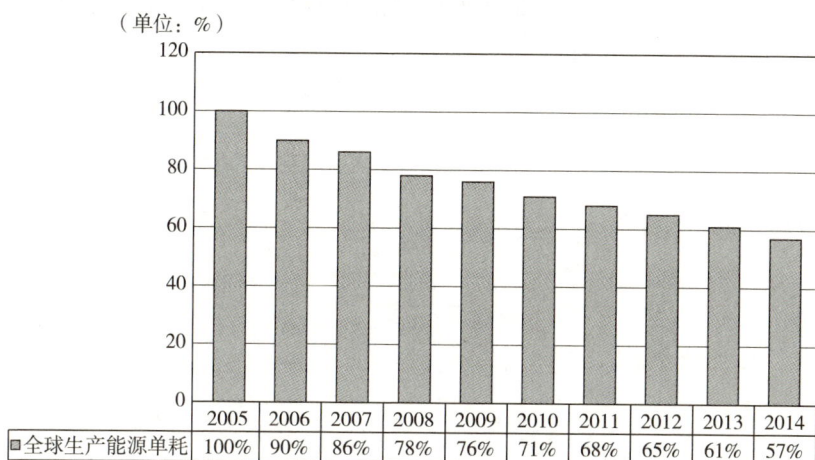

	2005	2006	2007	2008	2009	2010	2011	2012	2013	2014
■全球生产能源单耗	100%	90%	86%	78%	76%	71%	68%	65%	61%	57%

图5-3 2005—2014年溢达全球生产能源单耗

的污染。废水利用被认为是解决当前洁净水资源不足的可行方案。废水循环利用是纺织业未来发展的重要一步。水资源的利用需要监管,用水量及废水排放的质量都必须符合要求。2011年,溢达与供应商合作,开发并建立了一个反渗透循环系统。该系统每天能把5000吨废水处理成符合饮用标准的清洁用水,并再次投入到生产当中。2014年,该系统处理的循环用水量已占溢达广东省内生产基地用水量的10%。

在2005—2014年,溢达已投入1.5亿美元用于水资源和能源消耗管理,从而率先开发出业界领先的管理流程和基础设施解决方案,减轻了中国纺织业面临的环境压力。

溢达广东水质净化中心是中国纺织业内最大的污水处理厂之一,日处理污水能力达到38000吨。该污水处理厂,经处理后排放的污水比政府规定的排放标准更加严格。它显著减少了处理过程中的异味,并通过一个单独工艺,对污泥进行有效脱水和干燥处理,最后交由专门的废水处理机构作最终处置。整个处理过程都处于实时监控中,不但提高了透明度,也进一步提高污水处理能力。水资源管理也是一个连续的过程,包括节水技术的鉴别和应用、新一代设备的投入、工艺的优化以及科研的发展。

2010 年到 2014 年期间溢达集团全球生产水源单耗降低了 26%。2005—2014 年溢达与生产有关的水源单耗降低了 57%,见图 5-4。

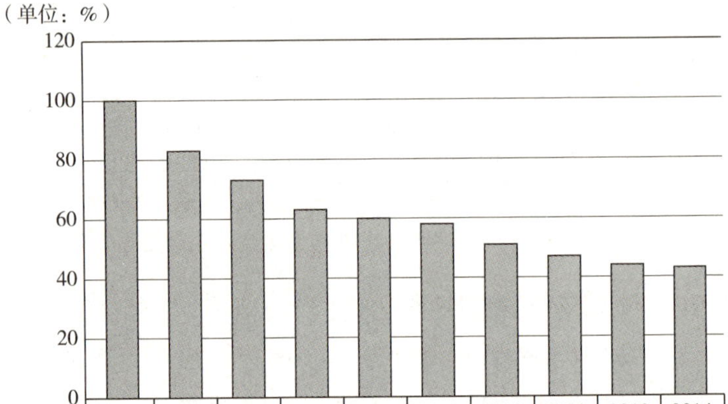

图 5-4　2005—2014 年溢达集团生产耗水单耗

	2005	2006	2007	2008	2009	2010	2011	2012	2013	2014
集团生产耗水单耗	100%	83%	73%	63%	60%	58%	51%	47%	44%	43%

溢达的水资源管理措施不仅仅局限在纺织品和服装的生产,还拓展到了棉田种植领域。溢达在中国新疆维吾尔自治区的棉田广泛采用了滴灌技术,从而保护了稀缺的地下水供应。斯里兰卡的工厂进行设备升级,同时还规划了新的水处理厂。马来西亚工厂的地下水管采取了改善盥洗室设施等其他节水措施,这使得溢达在 2014 年当地的用水量节约了 50%。

溢达集团大约 50% 的洗涤程序应用轻度洗涤工艺。相比普通洗涤程序每次 1000 公斤的耗水量,绿色设备的每次洗涤耗水量仅为 40 公斤,洗涤同时还实现了零废水排放。不仅如此,整个洗涤流程的时间也平均缩短了 39%,这充分体现了精益生产的优势。先进工艺的应用使整个洗涤流程既减少了人工操作和服装在生产线上的无效流动,又为员工提供了更加人性化的操作流程。

(四)温室气体减排

空气质量已经成为中国很多城市面临的危机,中国政府"十二五"规划制定了严格的涉及全部行业的污染气体排放目标。其中,纺织业被列为 13 个重点整治行业之一。

溢达在全球各地的生产工厂,利用有效的能源管理系统控制碳和其他温室气体(GHG)排放物。根据《温室气体(GHG)议定书》及国际标准组织 14064(ISO 14064)来跟踪和测定我们在中国所有工厂的污染气体排放,并保证符合国际标准,如表 5-3 所示。在广东省的热电厂中,溢达使用低硫煤,现场进行废弃碱液的脱硫处理,并通过静电除尘技术来减少空气污染物排放。为了满足不断发展的能源需求,溢达增加可再生能源的应用,在 2015 年年末启动 1 兆瓦太阳能试点项目,在全球部分工厂安装屋顶太阳能板。目前,所有工厂都已实现了自然采光和 LED 照明。碳排放限额与交易体系在中国的南部地区已发展成熟,这为进一步管理二氧化碳排放指明了方向。广东的纺织制造业也正积极准备加入该体系。

表 5-3　2010—2014 年溢达碳排放 CO_2 监测量

根据 ISO(国际标准组织)14064 所测出的二氧化碳当量排放数据	
年　　份	二氧化碳排放量(吨数)
2010	696668
2011	666794
2012	645003
2013	631285
2014	628671
包括广东省内全部正在运营的工厂。包括内部运输,但是不包括外部公司负责的运输	

(五)化学品管理

在化学品管理方面,溢达要求在生产流程的最后步骤清除废弃污染物,并从源头减少或取代甚至去除化学添加剂。溢达在新疆和广东的生产基地设置了一个研究中心。两个研究中心分别结合实际经营情况进行严格的研究和测试,以便开发出行之有效的生态解决方案。研制新的化学混合物以求获得更好的生态效益,重新设计湿法处理流程来降低化学品的使用,研究各种新的酶,并开发天然有机染料。引进了一项只使用生物制品和可生物降解产品的服装预处理和后整理系统。

溢达与国际供应商、大学研究中心和标准化组织紧密合作,为化学品制定更加严格的使用准则。"受限物质清单"经过严格测试和验证,保证得到有效监控和执行,同时要求所有的供应商都必须遵守清单的要求。

在人与化学品接触上,溢达采取了一系列预防措施。对所有化学品的使用都有关于标签、用途、运输和储存的严格规程。不仅为员工提供防护衣和专业培训,还对接触化学品的工作人员安排每年的健康检查。在广东每年都举行一次氨气爆炸的应急演习,参与演习的包括30名员工和当地的应急服务机构,如消防队和医院。这种演习可以保证员工在事故发生时作出快速和正确的反应。

升级纺织废料改造项目,大约两千到三千吨废弃棉花和织物得到了回收利用,这些废料被制作成毯子、零售运动衫,以及用作项目合作方的员工制服的纤维原料。与世界宣明会合作,利用有用的服装废料,每年提供三万到四万件衬衫,向有需要的人群分发。大量的纺织废料被回收利用并制作成毯子、运动衫和员工制服,提供给客户和合作伙伴,最高达到3000吨。

第三节 雅戈尔品牌典型案例研究

一、雅戈尔集团

雅戈尔作为雅戈尔集团的核心品牌,创立于 1991 年,在 2014 年世界品牌实验室发布的中国 500 家最具价值品牌中,雅戈尔品牌价值居纺织服装行业第六位。另据中国纺织工业联合会及中国标准化研究院评出的 2014 年中国纺织服装品牌价值 50 强中,雅戈尔品牌价值评价为 185.07 亿元,位列纺织服装行业第二位。目前雅戈尔集团的核心业务以品牌服装、地产开发及金融投资三大板块为主,多元并进。在品牌服装领域,雅戈尔集团已经形成了从原辅材料、纺织面料到成衣制造、品牌服饰这一完整的纺织服装产业链。雅戈尔集团与纺织服装产业相关的子公司主要包括:宁波雅戈尔服饰有限公司、浩狮迈服饰有限公司、宁波雅戈尔衬衫有限公司、宁波雅戈尔西服有限公司、宁波雅戈尔裤业有限公司、宁波雅戈尔时装有限公司、宁波雅戈尔针织服装有限公司、宁波雅戈尔日中纺织印染有限公司、宁波雅戈尔毛纺染整有限公司、汉麻投资控股有限公司、新疆雅戈尔棉纺织有限公司等。

雅戈尔集团通过了 ISO 14001 环境管理体系建设的宁波评审中心的外审检查。从其环境管理体系建设来看,遵守《环境保护法》《水污染防治法》等环保法律法规,雅戈尔根据 ISO 14001 环境管理体系,制定了环境管理程序、制度、方案和应急措施,并使各项工作、各个环节和流程按照 ISO 14001 环境管理体系运行。这些举措从三方面起到了环境保护的作用:减少了企业生产经营对环境造成的影响,这些影响不仅仅包括温室气体,还包括其他的废水、废气、噪音、废弃物等;逐步减少原料、水、电、油、汽、纸张等能源、资源方面的消耗;加强产品安全防护,严格控制服装中甲醛等有害物质的含量,对设备按时保养维修,以免泄漏造成能源损耗或环境污染。

二、企业组织碳足迹评价结果分析

雅戈尔集团在其公布的年度社会责任报告中提及企业环境责任时,采用的标准是 ISO 14001 环境管理体系要求。

企业组织碳足迹是企业在一定时期内直接和间接排放的六种温室气体二氧化碳当量。根据国家发改委 2015 年公布的第三批《工业其他行业企业温室气体排放核算方法与报告指南(试行)》中的相关规定,企业需检测、核查及报告的温室气体排放源主要有以下七种可能的途径。化石燃料燃烧的二氧化碳排放,主要指企业用于动力或热力供应的化石燃料燃烧过程产生的二氧化碳排放;碳酸盐使用过程中二氧化碳的排放,指石灰石、白云石等碳酸盐在用作生产原料、助熔剂、脱硫剂或其他用途的使用过程中发生分解产生的二氧化碳排放;工业废水厌氧处理的甲烷排放;甲烷回收与销毁量;二氧化碳回收利用量,指回收燃料燃烧或工业生产过程产生的二氧化碳作为生产原料自用或作为产品外供给其他单位,从而免于排放到大气中的二氧化碳量;企业净购入电力和热力隐含的二氧化碳排放,该部分排放实际上发生在生产这些电力或热力的企业,但由报告主体的消费活动引起,依照约定也计入该企业名下。其他未涉及但二氧化碳当量排放对报告主体温室气体排放总量的贡献大于 1% 的其他排放源。

就雅戈尔披露的社会责任报告来看,其虽然并未采用国际标准化组织(ISO)的 ISO 14064-1 标准或者世界可持续发展工商理事会(WBCSD)及世界资源研究所(WRI)《公司温室气体盘查议定书》对其组织碳足迹进行核查;但从其历年的社会责任报告中,我们可以观察到其在碳足迹方面所采取的相应举措。

(一)温室气体减排

企业温室气体的排放可能直接产生于生产过程,也可能间接来自使用外购的电力和热力。从雅戈尔集团披露的企业社会责任报告来看,其温室气体减排措施主要有以下四个方面。

原材料汉麻纤维种植、加工及生产环节的温室气体减排。

据其2010年企业社会责任报告披露,汉麻排碳量为棉花的十几分之一。另外,由于采用了解放军总后汉麻研究中心的最新科研成果,汉麻纤维生产线的生产设备性能明显优于传统的麻类纤维加工设备,节能减排效果良好,环保优势明显。2011年,雅戈尔集团万元产值能耗已下降到0.189吨标煤,比2005年下降了59%,达到行业领先水平。

生产过程中使用清洁燃料,减少了温室气体的直接排放。

在生产过程中,雅戈尔以新型清洁燃料水煤浆代替重油,不仅实现了清洁化生产,而且进一步控制了能源成本,减少了燃煤过程中产生的温室气体。另外,雅戈尔对日中纺下属的三台锅炉进行改造,使用天然气等环保燃料,也减少了碳排放。

通过对照明生产线的改造,减少温室气体排放。

2013年,雅戈尔投资200多万元改造了衬衫、西服等公司的照明生产线,在采用LED灯以后,不仅车间照明亮度得到显著提升,且用电量较原有的照明设备减少25%。企业外购电力的下降减少了间接的温室气体排放。

在办公区域,通过采用节能灯具照明,做到人走灯灭以及减少会议次数,缩短会议时间等举措实施碳减排。

(二)碳汇方面的措施

应对气候变化,国家相关政策措施的出台将会使企业面临生产经营成本、利润率下降的风险。导致生产经营成本上升主要原因有以下几个方面:第一,对于高排放的化石能源或原材料价格上涨,将促使企业对生产方式进行调整。能源和原材料有可能面临资源短缺问题,造成价格上涨。第二,大气治理的要求会引起成本上升。为了达到大气治理的要求,许多地方要求煤改气,或增大用电比例,这将导致生产成本增加。第三,在生产过程各环节中,对碳排放进行监测,需增加检测项目,对生产工艺布局进行调整,影响整个生产流程,从而增加生产成本。第四,企业碳排量受限以及碳排放权交易的政策实施会导致大多数企业生产成本增加。

国际标准化组织 ISO 14064 标准的第一部分主要规定了在组织层面温室气体排放和报告指南性规范,即企业组织碳足迹核查的相关规范。而其第二部分则着重讨论了旨在减少温室气体排放量或加快温室气体清除速度的碳汇项目,比如风力发电、碳吸收和储存项目等。

在碳汇方面,雅戈尔集团 2010 年捐资 500 万元,发起成立"中国绿色碳基金鄞州专项",推进"森林鄞州"建设中山地造林、大公园、大江河、大通道的绿化工程。同时,雅戈尔逐步扩大汉麻的种植面积,聚木成林,筑起一道绿色的屏障。

综上,在企业组织碳足迹方面,雅戈尔采取了一定的温室气体减排措施,但尚未建立起完善的企业温室气体年度报告制度。一套健全的组织碳足迹评价应包括确定组织边界、确定排放源、收集活动数据、计算以及碳足迹报告和管理五大方面。为树立企业良好社会责任形象、加入温室气体排放权交易市场、降低营运成本、更好地参与国际市场竞争,国内纺织服装企业有必要依据相关法规及标准建立一套组织碳足迹核查制度。

总之,应对气候变化,环境管理是企业无法回避的社会责任。我国纺织工业的能耗约占全国工业总能耗的 4.4%;水耗约占全国工业总水耗的 8.5%;废水排放量约占全国工业总废水排放量的 10%。其中,印染和化纤行业的年废水排放量高达 26 亿吨以上,是我国纺织行业中节能减排的重要领域。我国服装企业,特别是上市服装公司,在公司年报中,较少涉及环保问题。虽然有少部分服装企业,发

布企业年度社会责任报告,其中,涉及环保工作仅留在污水处理技术改造,或节能减排,未能从企业战略层面进行可持续的环境管理。为实现节能降碳的目标,我国服装企业应从整个企业组织活动的碳足迹评价入手,了解企业的碳排放源、碳排放量、高排放环节,以便制定具有可操作性、针对性的节能降碳措施,进行碳信息披露。

第六章　纺织服装业碳减排与
可持续发展战略

　　自工业革命以来,人类的社会生产从原来的人力手工业生产过渡到工厂的大机器生产,人类也从此进入到了大量生产、大量能源消耗的时代。随着温室气体(特别是二氧化碳)的不断排放,其在大气中的浓度不断升高,加之全球人口规模的扩大,温室效应不断增强。随之而来的是全球变暖、海平面上升、极端天气等诸多环境问题。经济发展所依赖的化石能源消耗过大,导致这些不可再生资源的储量不断减小,如果这些能源枯竭,必将制约人类的生存和发展。在这样的大背景下应运而生的低碳经济是一种低能耗、低污染、低排放的新的发展模式。由于全球温室气体排放中二氧化碳所占比重最大,所以减少碳排放在发展低碳经济中显得尤为重要。

　　随着低碳经济学的发展,国内外有关碳减排的经济学研究日益增多。国内外的学者针对碳排放动因、碳排放与经济增长关系、基于宏观经济模型的碳减排机制与政策等方面进行了广泛且深入的探讨。但是这些研究多数是基于宏观视角的研究,基于企业与居民行为的微观视角的研究相对较少。

　　纺织服装产业是我国的传统优势产业,同时我国也是全球最大的纺织服装生产国与出口国。由于我国纺织服装行业中企业规模大小不一,管理水平差异过大,我国能源消耗仍以粗放型为主等原因,纺织服装产业的温室气体排放在我国轻工业部门中处于较高水平,纺织服装产业的碳减排对于我国低碳经济的发展显得尤为重要。因此,本章重点讨论服装企业组织碳减排与可持续发展战略。

第一节　碳减排与可持续发展战略

一、碳减排与可持续发展战略的关系

随着人类赖以生存的环境与资源遭到破坏,人们对环境问题投以更多的关注。人们逐渐意识到只考虑经济而不考虑社会与环境必将带来严重后果,可持续发展理论在此背景下应运而生。

可持续发展理论是由西方学者在 20 世纪 80 年代提出,90 年代得到了世界各国的广泛认可。1987 年世界环境与发展委员会在《我们共同的未来》报告中就可持续发展给出了明确的定义:可持续发展是既能满足当代人的需要,而又不对后代人满足其需要的能力构成危害的发展。其定义包含了可持续发展的共同性原则、公平性原则、持续性原则,强调了人类发展的必要性及发展的限度,揭示了"经济—社会—环境"协调发展的必要性。

我国学者在 20 世纪 90 年代初接受、引进了可持续发展的理念,并结合中国的国情不断地进行创新。《中国 21 世纪议程》详细描述了我国的可持续发展战略。可持续发展的核心是发展,这是正确认识和理解可持续发展的关键。可持续发展的主体是社会发展系统,其目标是实现社会发展系统的可持续性,实现当前发展、未来发展以及当代人利益、后代人利益的均衡协调发展。可持续发展的重要标志是资源的永续利用和生态环境的改善。可持续发展的关键是处理好经济建设与人口、资源、环境的关系。实施可持续发展战略必须转变思想观念和行动规范,正确处理人与自然的关系。可持续发展必

须重视能力建设,要从国家战略的层面上整体把握。[1]

由此,可以看出我国可持续发展战略包含了经济学、生态学、社会学以及技术科学等学科的内容。作为实现可持续发展的重要手段,碳减排的开展应符合我国可持续发展战略。一是碳减排是在不阻碍发展的前提下减少碳排放,而非"零排放",切忌短期之内走极端,使我国目前的经济发展停滞。二是以可持续发展理论的生态学为基础,开创新的发展模式,代替原有粗放型的发展模式,通过环境自净系统实现碳循环。三是"以人为本",维持人类社会的可持续发展,转变人们原有传统的思想与观点,倡导低碳生产、生活、消费方式。四是发展科学技术,提高现有能源使用效率,探索清洁新能源,减少碳排放。

我国纺织服装产业在制定碳减排战略时,各生产环节的各企业都应符合我国的可持续发展战略。

二、碳减排与低碳产业政策

我国低碳产业较发达国家起步晚、发展慢,所以发达国家的低碳产业政策对我国具有积极的借鉴意义。目前我国低碳产业政策主要从产业结构政策、产业组织政策、产业技术政策三个层面借鉴国际经验。[2] 表6-1列出了国际主要发达国家低碳产业政策的主要内容。

表6-1 国际低碳产业政策主要内容

低碳产业政策	主 要 内 容
产业结构政策	1.重点扶植新能源产业,落点于新能源发电产业和低碳金融两大部分; 2.积极通过财政政策和税收政策对新能源产业予以支持

---

[1] 陈美球、蔡海生主编:《低碳经济学》,清华大学出版社2015年版。

[2] 陈美球、蔡海生主编:《低碳经济学》,清华大学出版社2015年版。

续表

低碳产业政策	主 要 内 容
产业组织政策	1.初步集中控制高碳排放企业,其中欧盟建立了欧盟排放交易体系,对欧盟高碳排放量进行管制; 2.对碳市场进行调整,以市场为基础,利用碳排放交易进行深入调控
产业技术政策	1.制定明确的中长期战略规划; 2.加大人力、资金的投入; 3.鼓励低碳技术实际应用,以市场需求拉动技术发展

资料来源:陈美球、蔡海生:《低碳经济学》,清华大学出版社 2015 年版。

目前我国低碳产业政策以低碳产业结构政策、低碳产业组织政策和低碳产业发展政策为基础,扶植低碳战略性产业,促进中小低碳企业不断壮大,合理布局低碳产业,激励低碳产业技术进步。[①]

在低碳产业结构政策方面,不断优化产业结构,扶植低碳战略性新兴产业,充分利用我国可再生能源蕴含丰富的比较优势,发展新能源产业,对低碳工业和金融业等未来新兴主导产业进行重点扶植。低碳产业结构政策的实施有助于我国改变现有能源消耗方式,对减少碳排放具有积极作用。

在低碳产业组织政策方面,主要分为低碳市场结构控制政策与低碳市场行为控制政策。前者主要是对低碳产业的市场结构变化进行有效控制。具体手段主要有:一是对中小低碳企业实施扶植促进政策;二是实施反垄断的竞争促进政策;三是对特定自然垄断低碳产业实施政府规制政策,避免过度竞争降低资源配置效率。后者主要是对低碳产业内部各企业的市场行为进行控制,维持公平且规范的市场环境。低碳组织政策的实施,有利于中小企业的碳减排,为所有参与到碳交易市场的企业创造透明、公平的市场

[①] 陈美球、蔡海生主编:《低碳经济学》,清华大学出版社 2015 年版,根据第 227—232 页整理。

环境。

在低碳产业发展政策方面,主要分低碳产业布局政策和低碳产业技术政策。前者是为了实现低碳产业布局合理。后者主要是政府组织并投入人力及资本促进低碳技术的发展。低碳产业发展政策的实施为企业碳减排提供了保障,也为低碳技术找到了实际应用的市场。

三、强制碳减排与自愿碳减排

碳交易即碳排放权交易,是指实体经济中,由于各企业碳排放量及碳减排成本存在差异,持有碳排放权的企业将其碳排放权作为商品出售给碳排放权不足的企业。碳交易市场是碳排放权交易的场所,其核心产品就是温室气体的排放权,一般以1吨二氧化碳当量为单位的权益产品。企业取得的一定时期的温室气体排放的总量被称为配额。当企业实际碳排放量超过配额时,企业需要在市场上购买配额。当实际碳排放量小于配额时,多余的部分则可以在市场上出售。图6-1表示了碳交易的理念。

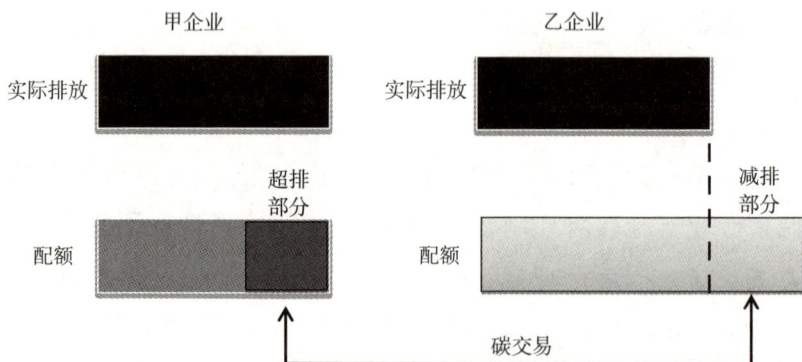

图6-1 碳交易的理念

碳交易是以控制碳排放总量为核心思想、用市场机制来引导企业进行碳减排。由于碳减排会相应增加企业的成本,而这个成本本身又受各企业的规模、技术水平等因素影响而存在差异。当碳减排成本大于购买配额的成本时,企业则会从自身利益考虑来购买配额;当碳减排成本低于购买配额的成本时,企业则会选择自身进行碳减排;当企业具备大量碳减排的能力和潜力且成本要低于碳价时,企业会主动进行碳减排并在市场上出售其碳排放权。碳交易本质上是一种与实体经济紧密结合的金融活动,它依托市场机制更有效率地促进碳减排。

目前我国共有 7 家碳排放交易试点,这 7 家试点的经验将为我国建立全国碳交易市场提供参考和借鉴。在 2015 年 9 月中美共同发表的《气候变化联合声明》中,我国向世界宣布将于 2017 年建立全国碳交易市场。2016 年 1 月 11 日,国家发展改革委办公室下发了《国家发展改革委办公厅关于切实做好全国碳排放权交易市场启动重点工作的通知》。该通知对碳交易市场建设工作进行了部署。根据该通知内容,全国碳排放权交易覆盖了石化、化工、建材、钢铁、有色、造纸、电力、航空,共八个行业。针对碳配额则实施初期免费分配,适时引入有偿分配并逐步提高有偿分配比例。初期交易产品为排放配额和国家核证自愿减排量(CCER)。若碳配额的分配和履约被称为强制性减排,则国家核证自愿减排量(CCER)可被称为自愿性减排。企业可以使用国家核证自愿减排量(CCER)抵消年度碳排放量。目前我国自愿碳减排交易活动数量较小,但随着国家大力推动强制性碳减排,自愿性碳减排必将得到发展。

第一阶段碳排放交易覆盖的行业中的化工行业就包含了服装生产企业的上游产业——化学纤维生产企业。虽然第一阶段并没有包含服装企业,但随着全国碳交易市场的建立和深化,服装企业必将参与到碳交易市场中去。服装企业应从自身利益出发,对目前已有行业及其碳交易状况密切关注，并不断发掘自身的减排潜力。

第二节 纺织服装业碳排放现状及特征

关于以 CO_2 排放为主的温室气体排放造成的环境污染与经济发展关系的研究，目前主要有两种广泛应用的方法，分别是环境库茨涅茨曲线和脱钩理论分析。环境库茨涅茨曲线主要用于描述发达国家经济增长和环境污染之间的倒 U 形关系，对于发展中国家的研究一般都要改进之后再分析。当前国内外有关碳排放量的核算主要有六种方法，这六种方法分别是物料平衡法、实测法、生命周期法、决策树法、碳排放系数法以及 ORNL 法（橡树岭国家实验室 Oak Ridge National Laboratory，简称 ORNL）。

一、纺织服装业碳排放量的估算

本书对于排放量的估算采用的是物料平衡法中《IPCC 国家温室气体清单编制指南》推荐的方法，它是以能源种类为基础的估算法。通常温室气体的碳排放量由能源消耗量乘以相应的碳排放系数累加之和。物料平衡法是基于能量守恒定律，通过把碳排放源与生产过程结合起来对碳排放量进行核算。物料平衡法在对化石燃料进行核算时主要有两种方法，第一种方法是《IPCC 国家温室气体排放清单指南》中推荐的估算法；第二种方法是以技术为基础的估算法。目前采用最多的是《IPCC 国家温室气体排放清单指南》中推荐的估算法，各种能源消耗的碳排放系数产生的碳排放量的累加求和，其公式为：

$$E = EC_{i,j,k} \times EF_{i,j,k} \qquad (6-2-1)$$

式中，E 表示碳排放总量；EC 表示各种化石燃料的消费总量；

EF 表示不同化石燃料的碳排放系数；i 代表能源种类；j 代表活动部门；k 代表技术类型。此种估算方法的优点是核算所使用的数据几乎都是宏观数据，便于收集整理。

考虑数据的可获得性，本书对纺织服装业碳排放量的计算采用公式为：

$$C = \sum_i^n E_i \times F_i, i = 1, 2, \cdots, n \qquad (6-2-2)$$

式中，C 表示我国纺织服装业碳排放总量，E_i 表示纺织服装业对第 i 种能源的消耗总量，F_i 表示纺织服装业第 i 种能源的碳排放系数。

由于纺织服装业主要能源消耗是原煤、汽油、柴油、燃料油和电力，因此在估算纺织服装碳排放量时，主要是这几种能源消耗量及其碳排放系数乘积加总得出。这里的能源指的是终端能源，包括二次能源和中间能源消耗。

（一）碳排放量核算基础数据的选取

目前国际上日本能源经济研究所、IPCC 等都有不同的能源碳排放系数，我国国家发展和改革委员会也公布了各类能源的碳排放系数，由于本书是从产业角度来分析我国纺织服装业碳排放，为了更准确地估算我国纺织服装业终端能源消耗所产生的碳排放量，本书采取的能源的碳排放系数见表6-2。

表6-2　各类能源的碳排放系数　（单位：tCO_2/t 标准煤）

能源种类	原煤	汽油	柴油	燃料油	天然气	电力
碳排放系数	2.492	1.988	2.167	2.219	2.162	6.113

以 2000—2012 年为研究区间，纺织服装全行业的历年能耗（万吨标准煤）数据是由纺织业和纺织服装、鞋、帽制造业的历年能耗加总得出。纺织业 2000—2012 年主要能源消耗见表6-3。

表 6-3　纺织业历年主要能源能耗量表　（单位：万吨标准煤）

年份	原煤	汽油	柴油	燃料油	天然气	电力
2000	1638.22	39.68	46.31	66.61	1.09	370.42
2001	1650.44	42.27	48.77	64.64	1.05	402.52
2002	1679.22	40.27	47.49	65.89	0.79	474.16
2003	1828.52	26.24	43.99	52.97	0.9	556.44
2004	2407.65	21.26	60.12	72.72	0.47	727.56
2005	2555.37	16.74	42.93	41.96	0.56	823.57
2006	2796.32	18.99	42.69	42.43	0.56	1032.21
2007	2862.05	19.98	44.82	39.65	0.69	1124.38
2008	2529.12	22.48	51.24	36.01	1.49	1126.38
2009	2433.32	26.25	44.11	23.98	1.35	1147.50
2010	2618.04	26.96	44.63	22.45	1.66	1276.74
2011	2261.68	21.20	36.44	14.76	1.96	1378.82
2012	2065.59	16.89	20.20	8.80	2.15	1448.70

注：纺织业（Manufacture of Textile，MT）历年能耗（万吨标准煤）原始数据来自《中国能源统计年鉴》（2000—2012 年），其中天然气、电力的数据由原始数据折算而成。

纺织服装业、鞋、帽制造业 2000—2012 年主要能源消耗见表 6-4。

表 6-4　纺织服装、鞋、帽制造业主要能源能耗量表　（单位：万吨）

年份	原煤	汽油	柴油	燃料油	天然气	电力
2000	139.67	7.49	14.69	12.44	0.00	49.07
2001	149.79	9.32	16.19	13.88	0.00	56.44
2002	145.46	9.16	16.83	14.84	0.00	61.57
2003	159.32	9.31	19.34	11.77	0.00	67.27
2004	211.49	7.95	29.69	5.49	0.09	73.40
2005	237.14	9.28	29.37	6.52	0.09	87.60

续表

年份	原煤	汽油	柴油	燃料油	天然气	电力
2006	258.88	10.32	30.82	6.89	0.09	108.80
2007	265.91	10.86	31.46	6.53	0.09	124.50
2008	229.35	12.58	38.06	6.98	0.20	130.07
2009	219.34	17.18	33.62	6.63	0.24	132.54
2010	233.77	17.83	34.34	5.31	0.32	151.58
2011	211.90	13.59	26.02	7.41	0.47	163.70
2012	228.41	17.03	20.85	2.81	0.87	198.42

注:纺织服装、鞋、帽制造业(Manufacture of Textile Wearing Apparel,Footwear and Caps,MTWAFC)历
年能耗(万吨标准煤)原始数据来自《中国能源统计年鉴》(2000—2012年),其中天然气、电力
的数据由原始数据折算而成。

　　纺织服装全行业主要能源消耗是根据纺织业和纺织服装、鞋、帽
制造业历年主要能源消耗量相加求和得出的,见表6-5。

表6-5　纺织服装全行业主要能源能耗量表　　　(单位:万吨)

年份	原煤	汽油	柴油	燃料油	天然气	电力
2000	1777.89	47.17	61.00	79.05	1.09	419.49
2001	1800.23	51.59	64.96	78.52	1.05	458.96
2002	1824.68	49.43	64.32	80.73	0.79	535.73
2003	1987.84	35.55	63.33	64.74	0.90	623.71
2004	2619.14	29.21	89.81	78.21	0.56	800.96
2005	2792.51	26.02	72.30	48.48	0.65	911.17
2006	3055.20	29.31	73.51	49.32	0.65	1141.01
2007	3127.96	30.84	76.28	46.18	0.78	1248.88
2008	2758.47	35.06	89.30	42.99	1.69	1256.45
2009	2652.66	43.43	77.73	30.61	1.59	1280.04
2010	2851.81	44.79	78.97	27.76	1.98	1428.32

年份	原煤	汽油	柴油	燃料油	天然气	电力
2011	2473.58	34.79	62.46	22.17	2.43	1542.52
2012	2294.00	33.92	41.05	11.61	3.02	1647.12

注:纺织服装业全行业的历年能耗(万吨标准煤)数据是由纺织业和纺织服装、鞋、帽制造业历年能耗原始数据加总求和得出,原始数据来自《中国能源统计年鉴》(2000—2012年)

(二)我国纺织服装业碳排放量的估算结果

根据表6-2中的各能源种类的碳排放系数及表6-5中的我国纺织服装全行业历年各主要能源消耗数据,利用式(6-2-2) $C = \sum_{i}^{n} E_i * F_i, i = 1, 2, \cdots, n$,估算得出纺织业和纺织服装、鞋、帽制造业以及纺织服装全行业历年碳排放量,见表6-6。

表6-6　纺织服装业碳排放量估算结果表

(单位:万吨标准煤)

年份 \ 碳排放量	MT碳排放量	MTWFAC碳排放量	纺织服装全行业碳排放量
2000	6676.22	722.35	7398.57
2001	6908.92	802.71	7711.63
2002	7414.04	826.47	8240.52
2003	8225.17	894.78	9119.95
2004	10782.36	1068.25	11850.61
2005	11623.09	1223.21	12846.30
2006	13503.95	1413.01	14916.96
2007	14231.88	1528.16	15760.05
2008	13426.98	1490.06	14917.05
2009	13282.40	1479.05	14761.45
2010	14532.58	1631.50	16164.08
2011	14222.93	1629.61	15852.55
2012	14104.88	1869.29	15974.17

注:纺织服装业全行业碳排放量的数据来源是由全行业的能耗结合公式核算所得。

二、我国纺织服装业碳排放量的特征

（一）我国纺织服装全行业碳排放总量的分析

对表 6-6 中的我国纺织服装全行业的碳排放量进行处理,得出我国纺织服装业时间序列(2000—2012 年)的碳排放情况如图 6-2 所示。

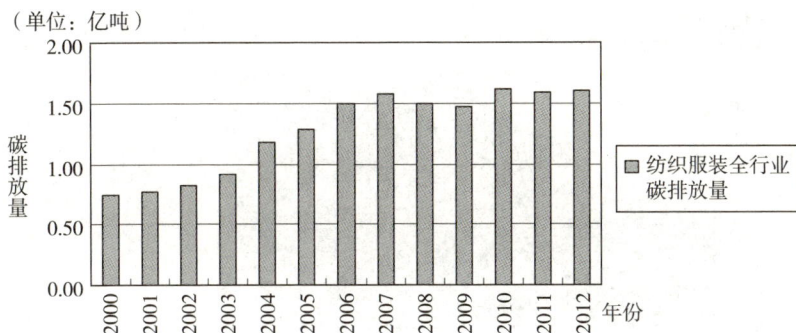

（单位：亿吨）

图 6-2　纺织服装业 2000—2012 年碳排放量趋势图

我国纺织服装业的碳排放总量从 2000 年的 0.74 亿吨上升到 2012 年的 1.60 亿吨,近 13 年的时间内,全行业的碳排放总量增加了一倍多。2000—2003 年,纺织服装业碳排放量增幅比较缓和。2004—2007 年,纺织服装业碳排放量加速增长,且增幅较大。这可能与 2005 年后全球纺织品服装贸易进入一体化发展阶段有关,配额取消使我国纺织服装业的产能得到充分的释放,对国内纺织服装业的工业化生产起到很大的拉动作用。2007 年之后,2008、2009 两年纺织服装业碳排放量出现下降趋势。2009 年之后,纺织服装业碳排放量又开始增长,但增幅不大。但相对而言,2010—2012 年,纺织服装业碳排放量增长趋势很小,几乎不变。综上可以看出我国纺织服装业的碳排放量总体趋势是逐年增加的,虽然从 2007 年国家开始大范围地实行节能减排政策后,我国纺织服装业碳排放量略微减少,总体而言碳排放量还是增加的,因此我国纺织服装业具有节能减排的需求。

（二）纺织业与纺织服装、鞋、帽制造业的碳排放量分析

根据表6-6中我国纺织业，纺织服装、鞋、帽制造业的碳排放量的数据，得出纺织业，纺织服装、鞋、帽制造业时间序列（2000—2012年）的碳排放情况如图6-3所示。

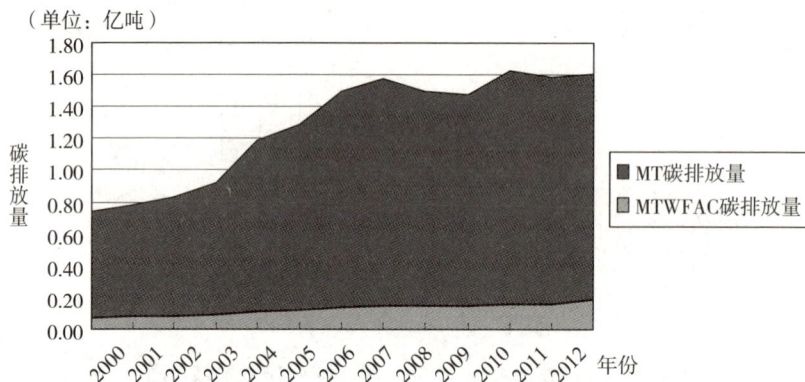

（单位：亿吨）

图6-3　纺织业与纺织服装、鞋、帽制造业2000—2012年碳排放量趋势图

由图6-3可以看出，全行业的碳排放总量中纺织业的碳排放占有较大的比例，根据相关数据计算2000—2012年所占的平均比重为90.02%。2000—2003年纺织业的碳排放量增长比较平缓。2004—2010纺织业的碳排放量呈现波动性增长，尤其是2004—2007年增幅较大。2007—2009年，纺织业的碳排放量出现下降的趋势。2009年之后，纺织业的碳排放量又开始增加，但是增幅不是很大，尤其是2010年之后纺织业的碳排放量几乎不再增加。与纺织业相比，纺织服装、鞋、帽制造业的碳排放在全行业碳排放量占有比率较小，根据相关数据计算2000—2012年所占的平均比重为9.98%。我国的纺织服装、鞋、帽制造业在2000—2012年的碳排放量呈现平稳增长趋势，年平均增长率为8.46%。

综上所述，纺织业是我国纺织服装业碳排放量的主要贡献者，因此在节能减排工作上尤其要注重纺织产业的节能减排,在制定相关措施时一定要多参考纺织业的相关研究,加大纺织业的减排工作。

(三)我国纺织服装业能源消耗种类与碳排放量分析

在研究我国纺织服装业能源消耗种类与碳排放量关系的时候,我们把汽油、柴油、燃料油作为石油来考察,其中石油消耗能量以汽油、柴油、燃料油三者的平均值来决定。而纺织服装业的碳排放量则是煤炭、石油、电力、天然气产生的碳排放量之和,计算结果如表6-7所示,同一时期,我国纺织服装业所带来的GDP如表6-8所示。

表6-7 我国纺织服装业分能源消耗产生的碳排放量的测算结果

(单位:万吨标准煤)

年份	碳排放量				碳排放总量	年均增长率(%)
	煤炭	石油	电力	天然气		
2000	4430.50	133.79	2564.34	2.36	7130.99	0.00
2001	4486.17	139.19	2805.62	2.27	7433.25	4.24
2002	4547.10	138.93	3274.92	1.71	7962.66	7.12
2003	4953.70	117.19	3812.74	1.95	8885.57	11.59
2004	6526.90	142.08	4896.27	1.21	11566.45	30.17
2005	6958.93	105.33	5569.98	1.41	12635.65	9.24
2006	7613.56	109.00	6974.99	1.41	14698.96	16.33
2007	7794.88	109.69	7634.40	1.69	15540.66	5.73
2008	6874.11	119.54	7680.68	3.65	14677.98	−5.55
2009	6610.43	107.57	7824.88	3.44	14546.32	−0.90
2010	7106.71	107.26	8731.32	4.28	15949.57	9.65
2011	6164.16	84.57	9429.42	5.25	15683.41	−1.67
2012	5716.65	60.72	10068.84	6.53	15852.74	1.08

注:纺织服装业分能源的历年能耗(万吨标准煤)数据是由纺织业和纺织服装、鞋、帽制造业分能源的历年能耗原始数据根据公式得出,原始数据来自《中国能源统计年鉴》(2000—2012年)。

表 6-8　我国纺织服装业产业 GDP　　　　（单位:亿元）

年　　份	产业规模（IGDP）	年均增长率（%）
2000	7219.01	0.00
2001	7619.49	5.55
2002	8055.58	5.72
2003	10890.31	35.19
2004	14014.95	28.69
2005	17257.54	23.14
2006	20999.00	21.68
2007	25726.54	22.51
2008	30069.81	16.88
2009	32650.42	8.58
2010	39965.39	22.40
2011	45261.98	13.25
2012	48977.01	8.21

资料来源:《中国统计年鉴》(2000—2012 年)。

　　2000—2012 年我国纺织服装业碳排放量从 0.71 亿吨上升到 1.59 亿吨,12 年间我国纺织服装业碳排放量增长了两倍多。2000 年到 2006 年是我国纺织服装业碳排放量快速增长期,碳排放量从 2000 年的 0.71 亿吨猛增到 2006 年的 1.47 亿吨,6 年间纺织服装业碳排放量增长了近两倍,年均增长率高达 13.15%,这一时期同时也是我国纺织服装业快速发展时期,GDP 年均增长率为 20%,高于碳排放量的增长率,此时煤炭和电力消耗也快速增加,其贡献的碳排放量是这一时期碳排放量迅速增加的主要缘由,可见此时我国经济是粗放型的经济增长方式,表现为高能耗、高投入、低产出的特征;2007—2012 年是我国纺织服装业碳排放量增速降低期,这一时期我国处于减排的初期,减排取得了初步成效,能源消耗量年均增长率从2006年的16.33%一下子下降到5.73%,尤其是2008年碳排放量是近12年最低。虽然在此期产生的碳排放量总体上是增加的,但是增速明显降低很多,尤其是在"十一五"规划减排目标的压力之下,这几年减排取得了很大的成效。但是同时也要注意我国纺织服装业直到2012年能源消耗产生的碳排放量已经高达1.59亿吨,说明我国纺织服装业的减排工作仍存在很大的压力。

从不同能源消耗对我国纺织服装业碳排放量的贡献看,煤炭与电力消耗总体上是决定能源活动消耗中碳排放量的总体趋势。由此可以发现,煤炭消耗量与电力消耗量所占能源消耗的比重很大,新能源比如天然气、太阳能、风能等在能源消耗中比重很小,这是我国能源消耗结构中存在的最大问题。

2007年之前煤炭消耗产生的碳排放量的走向与碳排放总量的趋势几乎一致,这是因为由于我国煤炭消费在能源消费中一直处于主导地位,而且我国是世界上最大的煤炭生产国,同时煤炭又是高碳能源,煤炭消耗是导致碳排放量增大的主要原因。与此同时,我们发现电力是我国纺织服装业碳排放量增加的又一大贡献力量,而且电力消耗呈现逐年增加趋势,与纺织服装业碳排放量的增长趋势几乎保持一致。尤其是2007年之后取代煤炭,成为我国纺织服装业碳排放量的主要能源消耗的贡献者。从表6-4可以看出,我国纺织服装业天然气的消耗量比重逐年呈现增加趋势,尤其是2007年之后,天然气在能源消耗总量比重中不断增加。由于新能源自身的特点,使其成为低碳经济发展的决定性因素,因此改变当前能源供需结构的方式就是大范围地使用新能源。当前相较于发达国家而言,我国对新能源的消耗比重较小,尤其是新能源利用技术方面还比较落后,由此可见我国新能源的普遍利用还需要很长时间。但是新能源的开发利用是必然的,是我国实行节能减排的一大措施。

第三节　纺织服装业碳减排措施

一、纺织服装企业碳排放源的确认

纺织服装企业实施碳减排措施前,需要先确认纺织服装生产、运输、销售等各个环节的碳排放源,针对各个环节制定不同的减排措施。本章主要是根据郭燕等编著的《服装全生命周期碳足迹》(人民出版社)一书中服装生命周期中各个环节的碳排放分析确定其碳排放源。服装的生命周期中涉及纺织服装企业的阶段主要有服装材料的生产阶段、成衣的生产阶段、服装的运输阶段以及服装的销售阶段。

(一)服装材料的生产阶段

服装材料的生产环节主要包含了棉纤维加工、纺纱、织造以及染整。各个环节的生产都伴随着大量的水、电等能源的消耗,并产生大量的有害物质的排放。服装材料在生产过程中产生的碳排放主要分为直接排放和间接排放,其中棉纤维的加工和纺纱过程主要是间接碳排放,而织造和染整环节则除了间接排放外还包括直接碳排放。其中间接排放主要是指各个环节加工中机器运转、照明、送排风、加湿及加热、冷冻等空调系统、压缩空气供应等需要消耗大量的电,包装需要消耗包装材料,储存、运输需要消耗电和油,生产中产生废物导致间接碳排放。织造环节中的浆纱工序还因需要消耗大量的水、蒸汽并排除大量的污水和废物造成直接碳排放。在染整整个环节中,每道工序都需要消耗大量坯布、染料、助剂、化学药品和水,并且排除大量的污水和废物造成了直接的碳排放。在服装材料生产的整个流程中,印染行业是总耗能、水耗以及污水排放量最大的环节。

(二)成衣的生产阶段

成衣生产阶段的主要碳排放源为生产过程的资源、能源、物料消耗产生的直接或间接的碳排放和服装设计、服装面、辅料裁剪、服装后整理、服装包装等环节产生的废水、废气、废料及贮存等环节所产生的直接或间接的碳排放。具体包括热水器、锅炉、炉灶、机械设备在运转中消耗天然气、液化气、煤、柴油等能源产生直接碳排放；化粪池大量使用水资源直接产生碳排放；空调所使用的冷媒也会产生直接碳排放；外购电力则会产生间接的碳排放；设计裁剪及整烫后整理则会产生废料、废水而造成直接碳排放；生产过程中使用的溶剂、喷雾剂、冷媒则等逸散排放造成直接碳排放；其他间接排放源如员工的通勤也会造成一定的碳排放。

（三）服装的运输阶段

服装制成后需要运送到商场等网店或仓库以便流通至下一环节。服装运输阶段的碳排放主要来自运输工具燃烧汽油、柴油等能源消耗。一件衣服在做成成衣后并不会直接运输，要经过检验、打包、装箱等工序才能出厂，运送到指定地点后还要经过验货、分货、扫描登记等流程后分类摆放在仓库的不同货架上，然后再进入下一步的销售环节。在装箱过程中需要投入一定的包装物资，在运送过程中产生能源消耗，而最后的货物整理阶段也会产生仓库的空调、照明等能源投入，这些都会相应地产生直接或者间接的碳排放。服装运输阶段的碳排放主要来自运输工具燃烧汽油、柴油等能源消耗。服装运输中采用的主要运输工具是汽车、船舶和飞机。汽车虽然机动灵活、速度快，但是运力小、成本高。水路运输运力大、成本低，但是速度慢。空路运输速度快、灵活机动，但是运力小且成本高。服装的包装方式也因服装的种类和客户的要求有所不同。主要分为平装和挂装。大部分西装和高级时装采用挂装方式较多，并配有挂装箱。而一般的休闲服装和内衣则采用平装的方式。

（四）服装的销售阶段

目前服装的销售方式主要分为传统销售和网络销售。传统的服装销售方式主要有百货商店、购物中心、服装专卖店、大型综合超市、服装批发市场、名品折扣店等实体店销售方式。网络销售主要是通过互联网平台实现服装销售。

传统的销售方式主要分为前期的广告宣传、店面陈列、人员推销等环节。在各个环节中主要需要进行物资投入、能源投入及人力投入。其中主要的能源消耗为供暖、制冷、照明、音响、墙体广告等电力的消耗。另外还需一部分纸质宣传品的消耗。

网络销售方式主要涉及营销系统、物流配送、销售终端（包括企业库存和销售数据系统）几个环节。其中主要需要的能源消耗为网站运营阶段的计算机使用所产生的电力消耗，货物配送阶段所产生的燃油消耗。

二、服装企业碳减排的措施建议

在确认纺织服装企业生产、运输、销售等各个环节的碳排放源的基础上可以从微观角度对纺织服装企业的碳减排措施提出建议。

（一）服装材料的生产阶段

首先，在原材料的选择上应选择生态环保的原材料、染料、助剂等化学材料。对于生产过程中需要消耗能源的机器应采用新型的清洁能源。照明等应选择耗电量较小的 LED。包装材料应选择环保可回收并且避免过度包装。

其次，选择和采用生态环保的生产工艺和技术。选择生物酶退浆、精炼等环保前处理工艺；选择退煮漂高效短流程汽蒸一步法、冷轧堆、低温活化漂白、松堆丝光等"少碱少氧"或"无碱无氧"前处理工艺；选择原液染色、成品染色、涂料染色等染色工艺和技术；选择涂料印花、数字喷墨印花、转移印花、激光无水印花等高效生态环保印花技术；选择机械整理、低温等离子体处理、生物酶及泡沫整理等后整理工艺，从而达到减少烧碱、染料和助剂等化学品消耗减少碳排放。①

（二）成衣的生产阶段

在成衣生产过程中主要消耗的资源为石化能源和水两大类。所以，生产过程中所使用的消耗能源的机器设备等应尽量使用清洁能源的新型机器。尽量减少水资源的使用和浪费。在设计裁剪过程中，尽量使用电脑设计等数码技术减少废料的产生。成衣企业应该加强对设备的检验，避免不必要的逸散排放。在员工中倡导绿色出行，减少员工通勤中的碳排放。

（三）服装的运输阶段

服装包装出库时，平装应尽量采用生态环保材质的包装袋，并采用简易包装，减少过度包装带来的不必要的碳排放。采用挂装的衣物应采用可反复使用的衣挂和挂装箱。仓库管理阶段应该采用节能空调系统和照明系统，减少间接的碳排放。多家中小服装企业可以共享同一个仓库，集中管理，减少运输次数，提高能源的使用效率。

在运输方式的选择上，虽然仍以满足客户需求为基础，按照其要求进行调整，但是在可以调整的情况下选择更为环保、能源消耗较小的方式。服装企业可以根据自身销售情况，在其他主要销售地区建立中转仓库，提前以较为节能的方式将商品运送出去。

（四）服装的销售阶段

服装的传统销售方式的碳排放主要出现在商场的能耗上，包括空调和照明能耗。由于商场昼夜均需要人工照明，所以灯的使用数量巨大。为了减少碳排放，应该尽量减少白炽灯等不节能灯具的使用，使用节能灯具。也可以根据采光条件和使用频率对灯的使用采取分区分组控制。在空调的使用方面，在夏季将温度控制在人体舒

---

① 陈丽华：《服装材料生产过程中的碳排放分析》，《棉纺织技术》2014 第 42 卷第 8 期。

适程度的温度即可,冬季则可以采用外壁保温、大门保温帘等环保方式辅助空调,节约能源消耗,减少碳排放。

由于网络销售需要运输商品至消费者手中,所以网络销售方式的能耗水平主要依赖物流能源的消耗。在电子商务快速发展的今天,网络购物已经成为人们的重要消费方式。大力发展物流业,整合物流行业,提高物流行业的运作效率是服装网络销售阶段减少碳排放的主要手段。

三、发展低碳纺织服装产业

纺织服装产业的低碳化,不仅需要微观的某个或者某几个纺织服装企业的碳减排的努力,更需要的是整个行业形成低碳化意识,积极进行节能减排,促进纺织服装产业向低碳化转型。这部分主要从宏观角度讨论纺织服装产业的低碳化路径。

(一)低碳工业

工业是我国主要能源消耗部门,也是碳排放的主要部门。目前我国工业的能源消耗水平高于国际水平,粗放式能源消耗模式使我国的碳排放量快速上升,成为能源消耗和碳排放的主要领域。工业部门向低碳转型成为我国实现低碳经济的关键。

"低碳工业化"是指国民经济的基本生产函数实现从"高碳"向"低碳"的连续突破性变化,低碳的生产方式和低碳产业逐渐替代高碳的生产方式和高碳产业的过程,最终经济发展和工业化过程摆脱化石能源和温室气体排放的束缚。[1] 其特征如图6-4,与高碳工业的特征比较如表6-9所示。由此可以看出,我国的纺织服装产业仍然属于高碳工业。纺织服装产业应以低碳工业为目标,实现纺织服装产业的低碳化。

---

① 陈美球、蔡海生主编:《低碳经济学》,清华大学出版社2015年版。

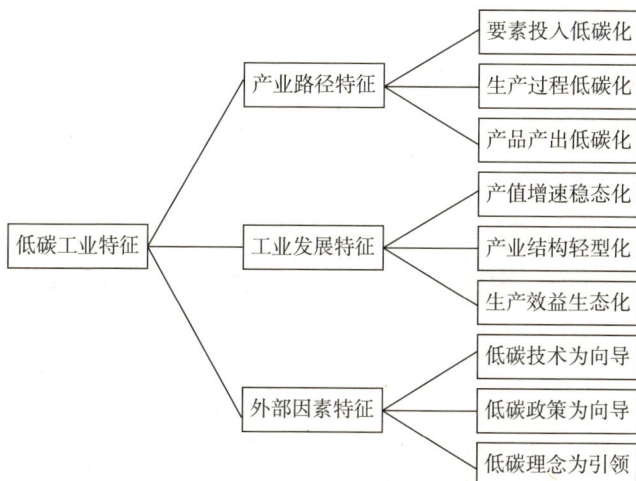

图 6-4　低碳工业特征

表 6-9　高碳工业与低碳工业特征比较

特征比较角度		低碳工业	高碳工业
产业路径	资源投入	采用新能源,清洁能源	采用传统的以煤为主的化石能源
	生产过程	二氧化碳排放量少或者为零	二氧化碳排放量大
	产品产出	废物处理、包装、运输等环节注重低碳环保	高碳排放,不注意环保
工业发展	工业发展程度	较高,一般处于工业化发展后期	贯穿工业化发展过程中
	工业结构	传统产业适当发展,战略性新兴产业与低碳产业占据一定地位	以传统的重化工业为主
	生态效益	较好	较差
外部因素	科技投入	较高,主要用于传统产业改造,低碳技术运用(如碳捕捉与封存),低碳技术产业化发展等	相对较低,主要用于提高生产能力与改进生产工艺上
	政策导向	提高工业准入门槛,淘汰落后产能,扶持低碳产业,制造减排标准,引导碳权交易等	以产能为政绩考核标准,不注重工业碳排放问题
	意识观念	低碳生产、低碳消费等低碳价值观念较强	生产、消费及生活中未树立起低碳价值观念

资料来源:陈美球、蔡海生主编:《低碳经济学》,清华大学出版社 2015 年版,第 173 页。

（二）发展低碳产业园区

产业园区在我国经济发展中起到了重要的作用,但是随着碳减排的要求越来越严格,低碳产业园区的发展将成为我国未来工业园区的发展方向。

2014年5月,为推进工业低碳转型,工业和信息化部、国家发展改革委组织开展了国家低碳工业园区试点,第一批55家申报园区通过了审核。表6-10为这55家园区及其产业特色。

表6-10　国家低碳工业园区试点名单（第一批）

序号	申报省	园区名称	产业特色
1	北京	中关村永丰产业基地	新材料、电子信息、新能源、生物医药等
2	北京	北京采育经济开发区	装备制造
3	天津	天津滨海高新技术产业开发区华苑科技园	信息产业、现代服务业
4	天津	天津经济技术开发区	通信、汽车、装备制造、石油化工等
5	河北	唐山高新技术产业开发区	机器人、汽车零部件、智能仪器仪表、新材料等
6	山西	山西太原高新技术产业开发区	煤化工、电子信息、光电、生命科学等
7	内蒙古	内蒙古乌海经济开发区	煤焦化工、新型建材
8	内蒙古	内蒙古鄂托克经济开发区	煤炭、电力、冶金、化工、建材
9	内蒙古	赤峰红山经济开发区	有色、医药、装备制造、纺织、能源电力
10	辽宁	沈阳经济技术开发区	装备制造、汽车及零部件、医药化工
11	吉林	吉林市化学工业循环经济示范园区	石油化工
12	吉林	长春经济技术开发区	汽车及配件、生物化工
13	吉林	延吉国家高新技术产业开发区	生物制药、软件与信息业、卷烟
14	黑龙江	齐齐哈尔高新技术产业开发区	重型装备制造、农业
15	黑龙江	大庆高新技术产业开发区	新兴装备制造、石化

续表

序号	申报省	园区名称	产业特色
16	上海	上海化学工业区	化工业
17	上海	上海金桥经济技术开发区	汽车、信息通信、现代家电、生物医药及食品
18	江苏	中国宜兴环保科技工业园	节能环保产业
19	江苏	苏州工业园区	电子信息
20	江苏	泰州医药高新技术产业开发区	现代医药产业
21	浙江	浙江嘉兴秀洲工业园区	纺织、装备制造、新能源与新材料等产业
22	浙江	杭州经济技术开发区	机械制造、汽车及零配件、电子通信、生物制药等
23	浙江	温州经济技术开发区	先进装备制造业、汽车零部件制造、物流业和轻纺服装业
24	安徽	合肥经济技术开发区	家电、装备制造、汽车等
25	安徽	池州经济技术开发区	有色、建材行业、电子信息、高端装备制造
26	福建	长泰经济开发区	文体用品、光电照明、高端装备、生物医药
27	江西	新余高新技术产业开发区	光伏、风电、新材料、节能环保、钢铁深加工
28	江西	南昌高新技术产业开发区	生物制药、光伏光电、航空、新材料、电子信息
29	山东	临沂经济技术开发区	工程机械、化工、新能源
30	山东	日照经济技术开发区	汽车及配件、造纸、粮油加工
31	河南	郑州高新技术产业开发区	电子信息、新材料、生物医药、新能源、节能环保
32	河南	洛阳高新区	生物医药、新材料、节能环保、智能装备制造
33	湖北	青山经济开发区	重化工、钢铁
34	湖北	孝感高新技术产业开发区（孝感园区）	电子信息、汽车及零部件、先进装备制造、纺织服装、造纸
35	湖北	黄金山工业园区	新材料、装备制造、电子信息、生物医药
36	湖南	湘潭高新技术产业开发区	新能源装备

续表

序号	申报省	园区名称	产业特色
37	湖南	湖南岳阳绿色化工产业园	精细化工、化工新材料
38	湖南	益阳高新技术产业开发区	电子信息
39	广东	东莞松山湖高新技术产业开发区	电子信息
40	广西	南宁高新技术产业开发区	生物工程及医药、电子信息产品制造、汽车零部件、机电产品制造
41	海南	海南老城经济开发区	电子信息、新材料、能源和石化
42	重庆	重庆璧山工业园区	电子信息、食品医药、装备制造（含汽摩产业）、制鞋业
43	重庆	重庆双桥工业园区	汽车整车及零部件、现代机械制造、再生资源循环经济产业
44	四川	达州经济开发区	能源化工、冶金建材、汽车机械、生产性服务业
45	贵州	贵阳国家高新技术产业开发区	新能源、新材料、高端装备制造、生物医药、电子信息、光电
46	贵州	遵义经济技术开发区	装备制造、特色轻工、电子信息
47	陕西	西安高新技术产业开发区	电子信息、先进制造、生物医药
48	甘肃	嘉峪关经济技术开发区（工业园区）	钢铁及上下游加工
49	青海	青海省格尔木昆仑经济开发区（格尔木业园）	盐湖化工、油气化工、新能源
50	青海	西宁（国家级）经济技术开发区甘河工业园区	有色金属、黑色金属、化工、水泥
51	宁夏	宁夏石嘴山高新技术产业园区	新材料、汽车及零部件制造、机械制造
52	新疆	乌鲁木齐高新技术产业开发区（新市区）	新能源、新材料、装备制造、煤炭与石油化工、电子信息、生物医药
53	辽宁大连	大连经济技术开发区	石油化工、先进装备制造业、电子信息、航空冶金新材料、生物制药等
54	山东青岛	青岛国家高新技术产业开发区	石油化工、先进装备制造产业（含汽车）、电子信息、航空冶金新材料、海洋船舶工程
55	浙江宁波	宁波经济技术开发区	石化、钢铁、汽车及零配件、能源等

　　表6-10中的55家工业园区大多集中在新材料、新能源、石油化工、汽车及其配件制造等产业,仅有4家产业园区涉及纺织服装产业。目前并没有纺织服装产业的专业化低碳产业园区,所以建立纺织服装产业低碳产业园区将有助于发展低碳纺织服装产业。

　　在建立纺织服装低碳产业园区时首先应进行科学的规划。首先,园区的选址应以纺织服装集群地为优先考虑,并与整个城市的规划相结合。建立过程中需要考虑到园区周围的服务配套工程的低碳化问题。其次,发展低碳科技仍然是纺织服装产业低碳化的关键。既要利用现有低碳技术,而且需要加大资金、人力、科技的投入开发新的低碳技术。特别是纺织服装产业中大量消耗的能源问题亟待解决,因此开发新能源和清洁能源将是关键。最后,园区应建立起科学的评价体系。目前对于低碳产业园区的评价缺乏一个科学的评价体系,这使低碳产业园区在建设发展过程中往往背离初衷。

　　我国的纺织服装产业目前处于产能过剩、能源消耗较大、碳排放较高的状态。减少碳排放、走向低碳化,将是我国纺织服装产业必经之路。

(三)健全制度保障

　　目前我国针对碳减排方面的法律法规比较欠缺,应该向国际上减排取得成效的国家学习,逐步从相关领域完善我国相关的法律法规体系。我国虽然已经初步建立了相关法制保障机制,比如1989年颁布的《中华人民共和国环境保护法》来制约环境的变化,2001年实施的《清洁生产促进法》、2003年的《中华人民共和国放射性污染防治法》、2008年的《中华人民共和国水污染防治法》以及2009年的《中华人民共和国促进循环经济法》等相关法律法规予以补充完善,这些政策法规体系为我国的低碳经济发展提供了基本的法律保障。但是我国节能减排法律体系立法力度不够,协调性、配套性还不够完善,我国仍需借鉴发达国家温室气体减排的经验和教训进一步健全节能减排法律法规体系。低碳经济的开展不仅需要法律法规方面的扶持,国家政策的制定也起到非常重要的作用,节能减排政策的制定使碳减排机制化事半功倍,尤其是激励性的财政政策比如财政补贴、税收优惠等,都对低碳经济的发展起到至关重要的作用。

第七章　与可持续发展相关的组织及准则

国际上与可持续发展相关的国际组织主要有：商界社会责任倡议（Business Social Compliance Initiative，BSCI）、可持续服装联盟（Sustainable Apparel Coalition，SAC）、良好棉花发展协会（Better Cotton Initiative，BCI）、水资源可持续发展行业组织（Sustainable Water Industry Group，SWIG）、有害化学物质零排放团体（Zero Discharge of Hazardous Chemicals，ZDHC）以及中国企业评价协会发布的《中国企业社会责任评价准则》（China Corporate Social Responsibility Evaluation Standard）。

第一节　商界社会责任倡议

商界社会责任倡议，全称 Business Social Compliance Initiative（旧称倡议商界遵守社会责任组织，2014年3月开始改用此新翻译名称），简称 BSCI，由欧洲对外贸易协会（FTA）发起，为企业提供一套统一的行为守则和全面的体系，以实践供应链中的企业社会责任要求。商界社会责任倡议秘书处设立在比利时的布鲁塞尔，由来自广泛业务领域和行业的零售商及进口公司设立。

一、商界社会责任倡议行为守则

商界社会责任倡议由各行各业大中小型企业组成，以发展为导向,在自己的供应链中承担社会责任,致力于改善全球供应链的工作条件。加入商界社会责任倡议的方法有两种,分别是直接加入和间接加入。直接加入是指该公司首先成为欧洲对外贸易协会会员,在会员声明中签署认可商界社会责任倡议行为守则后,即可成为 BSCI 的参与者。间接加入则指该公司是一位或多位商界社会责任倡议参与者的重要商业伙伴,并且同意遵守商界社会责任倡议行为守则及其相关的商业伙伴实施条款。

　　商界社会责任倡议行为守则明确了供应链中的商业实践的价值和原则。公司签署商界社会责任倡议守则后,即代表该公司对企业责任的公开承诺。2014 年版的商界社会责任倡议行为守则共包含 11 条,分别是结社自由与集体谈判权(本企业尊重工人以自由、民主的方式成立工会的权利和参与集体谈判)、不歧视(本企业会提供平等的机会,不会歧视工人)、公平报酬(本企业尊重工人获得公平报酬的权利)、体面劳动时间(本企业遵守有关工时的法规)、职业健康与安全(本企业会确保有一个健康和安全的劳动环境,进行评估风险和采取所有必要的措施去消除或减低风险)、不雇佣童工(本企业不雇佣未满法定工作年龄的工人)、保护青年工人(本企业为未成年的工人提供特别的保护)、无缺乏保障就业(本企业会根据法律规定制定劳动合同聘请工人)、无强迫劳动(本企业不会从事任何形式的奴役、拐卖或非自愿劳动)、保护环境(本企业会采取必要措施避免环境恶化)、道德的商业行为(本企业不参与任何腐败、勒索或贪污行为,或任何形式的贿赂)。①

---

① 商界社会责任倡议官网 http://www.bsci-intl.org/。

表 7-1 保护环境行为守则的具体要求及相关法律(以中国为例)

保护环境行为 守则内容及要求	中国的相关法律
商业伙伴遵守本原则,在不影响本章节所列的具体期望的同时,采取必要措施避免环境恶化 商业伙伴应评估经营对环境的显著影响,并建立体现其环境责任的有效政策和程序。采取适当措施防止或尽量减少对社会、自然资源和整体环境的不利影响	《中华人民共和国环境保护法》第十九条:编制有关开发利用规划,建设对环境有影响的项目,应当依法进行环境影响评价。未依法进行环境影响评价的开发利用规划,不得组织实施;未依法进行环境影响评价的建设项目,不得开工建设
	《中华人民共和国大气污染防治法》第十二条向大气排放污染物的单位,必须按照国务院环境保护行政主管部门的规定向所在地的环境保护行政主管部门申报拥有的污染物排放设施、处理设施和在正常作业条件下排放污染物的种类、数量、浓度,并提供防治大气污染方面的有关技术资料
	《中华人民共和国水污染防治法》第二十一条:直接或者间接向水体排放污染物的企事业单位和个体工商户,应当按照国务院环境保护主管部门的规定,向县级以上地方人民政府环境保护主管部门申报登记拥有的水污染物排放设施、处理设施和在正常作业条件下排放水污染物的种类、数量和浓度,并提供防治水污染方面的有关技术资料
	《中华人民共和国固体废物污染环境防治法》(2005)第五十七条:从事收集、贮存、处置危险废物经营活动的单位,必须向县级以上人民政府环境保护行政主管部门申请领取经营许可证;从事利用危险废物经营活动的单位,必须向国务院环境保护行政主管部门或者省、自治区、直辖市人民政府环境保护行政主管部门申请领取经营许可证。具体管理办法由国务院规定。禁止无经营许可证或者不按照经营许可证规定从事危险废物收集、贮存、利用、处置的经营活动。禁止将危险废物提供或者委托给无经营许可证的单位从事收集、贮存、利用、处置的经营活动

资料来源:商界社会责任倡议官网 http://www.bsci-intl.org/。

　　每条行为守则均提出了具体的行为准则,要求且应以当地法律为依据。其中保护环境的行为守则对参加企业的低碳环保生产提出了要求。表 7-1 显示了以中国为例的保护环境行为守则的具体要求及相关法律。

二、BSCI 2.0

商界社会责任倡议为参与企业提供共同的行为守则和全面的体

系被称作 BSCI 2.0。按 BSCI 2.0 的要求,参与者的目标应是在整个供应链中建立社会责任,承诺让其重要的商业伙伴参与进来,并帮助其进行能力建设,使其也能达到足够的社会责任水平。最终的目标是其商业伙伴也能自主管理自己的社会责任实践过程。

商界社会责任倡议针对商界社会责任倡议参与者、生产商及商业伙伴采用不同的专用实施条款,制订不同的要求。从表 7-2 我们可以看出商界社会责任倡议对参与者、生产商及商业伙伴的定义范围的区别。

表 7-2　商界社会责任倡议参与者、生产商及商业伙伴专用实施条款

	参 与 者	生 产 商	商 业 伙 伴
定义 范围	指赞同商界社会责任倡议,作为欧洲对外贸易协会(FTA)会员的商业实体如零售商或进口商	指商界社会责任倡议参与者的供应链中生产(食品或非食品)商品或生产原材料,以及根据商界社会责任倡议参与者或商业伙伴的尽职调查的结果,已被纳入商界社会责任倡议监控程序的商业伙伴	指与商界社会责任倡议参与者存在商业关系的商业实体,如进口商或代理商,并且商界社会责任倡议参与者打算通过这些商业伙伴,把商界社会责任倡议行为守则的原则关联到可能最终监控的生产商

资料来源:根据商界社会责任倡议官网 http://www.bsci-intl.org/ 整理。

根据不同的主体,商界社会责任倡议具体实施条款从社会责任企业承诺、如何将社会责任嵌入企业文化、供应链上的合作以及尽职调查、信息管理等方面作出了要求。

但是需要注意的是,商界社会责任倡议不是审计公司也非认证体系。它为企业提供的是一个社会审计的方法和报告。商界社会责任倡议不组织审核,但是提供网络的外部认证。商界社会责任倡议并非一个认证的方案,它提供了一个系统来帮助企业逐步改善其供应链中的工作条件。

三、商界社会责任倡议的收益

商界社会责任倡议的初衷是为零售商、进口商和从事全球供应

链的品牌改善其工作条件。在实施的过程中,商界社会责任倡议为其链条上的很多方都带来了直接的利益,这其中包括生产者、利益相关方和工人(见图7-1)。每个受益方所得到的利益如表7-3所示。

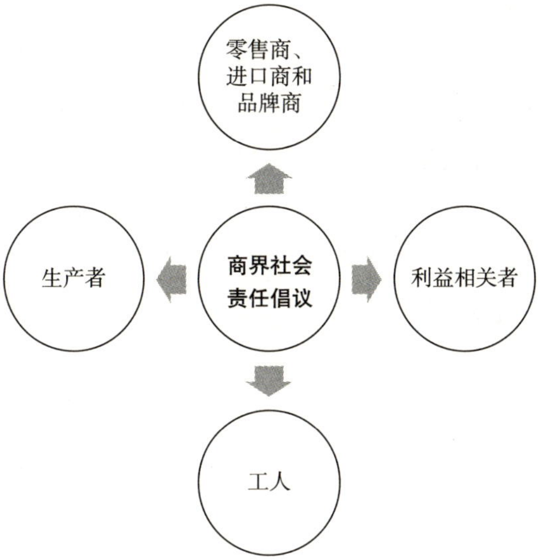

图 7-1　商界社会责任倡议所带来的收益受益方

表 7-3　商界社会责任倡议各受益方所得收益

零售商、进口商和品牌商	生产者	利益相关者	工人
1.获得一个全面的和简单的方法,有效改善内部管理系统 2.形成有效的风险管理 3.没有重复的努力和成本 4.在整个供应链中占有更大的优势 5.对所有生产商形成一个一致的消息 6.降低审计疲劳 7.增加了改进和修复的时间和资源 8.影响供应链的关键成员 9.获得交际网以及交换最佳实践经验的机会	1.更少的社会审计 2.获得广泛的国际购买客户群 3.促进改进内部管理流程 4.有助于专注于改进和修复 5.在国家层面上对关键成员产生影响	1.建议和影响超过 1500 家公司 2.参与并指导改善和修复活动	1.增加劳动权利的意识 2.拥有更好的申诉机制 3.改善工作条件

资料来源:根据商界社会责任倡议官网 http://www.bsci-intl.org/整理。

第二节　可持续服装联盟

一、可持续服装联盟简介

可持续服装联盟(Sustainable Apparel Coalition,SAC)由全球服装和鞋类领导品牌、零售商、制造商、非政府组织、学术专家和美国环境保护署等纺织业权威机构共同组建,旨在减少服装和鞋类产品对全球环境和社会的影响。可持续服装联盟总部位于美国,在全球拥有超过140个成员,包括服装品牌商、零售商、制作商、非营利环保组织和学术机构,如阿迪达斯(Adidas)、盖普(Gap)、H&M、玛莎百货和沃尔玛等。

可持续服装联盟是服装、鞋类和家纺行业最重要的可持续生产联盟。联盟的主要重点是构建供应链标准化测量工具——西格(Higg)指数,使所有行业参与者了解环境、社会、劳动力对生产和销售产品及服务的影响。通过测量可持续发展性能,该行业可以解决效率低下、破坏性行为等问题,实现消费者需求的环境和社会透明度。西格指数是一项公开的资源,是一项指标化的测量工具,其基于环境和产品两方面设计,可帮助供应商、制造商、品牌和零售商在材料、产品、设备和流程上作出科学的评估。西格指数主要从用水量及对水质的影响、能源损耗及二氧化碳排放量、化学制剂的使用及是否产生有毒物质等几个主要方面进行考察并衡量服装产业链的各个环节是否符合"持久发展"原则。

二、可持续服装联盟所起到的作用及影响

(一)可持续服装联盟的益处可以适用于任何规模的业务

任何品牌商和零售商加入可持续服装联盟后都将获取必要的资源和支持。他们使用联盟提供的西格指数从根本上简化测量过程,

测试产品生命周期的每个阶段的可持续性性能或零售价值链。

（二）传动效率和创新

西格索引数据聚焦企业需要改进的领域，并为其提供可供选择的可持续设计，使效率增加，实现创新。

（三）降低风险

品牌商和零售商将更了解他们的供应链，可以从制造业和在每一个阶段服务合作伙伴处获得必要的对环境和社会影响的信息。便于其评估潜在的经营风险、可持续的采购决策和原材料以及服务的质量和完整性。

（四）加强人际关系

当制造商完成自己的评估，品牌和零售商与生产合作伙伴会以更具有建设性的方式核实西格指数。这将有利于他们发展健康的合作关系，在更好地实现可持续发展目标方面取得进展。

（五）节省时间和金钱

在简化测量过程中，通过指导、跟踪、验证和共享可持续发展性能，西格指数可以节省大量的时间、金钱和人力资源。

（六）促进协作

加入联盟的品牌和零售商不仅可以分享经验，也可为自己的企业获得宝贵的意见来帮助其加速创新的步伐。

（七）获得影响力

通过准确的并且可核查的可持续性数据，品牌和零售商可以展示其是可持续性绩效消费者和投资者，来加强其信誉和声誉。中小企业可以使成本效益可持续进展，建立新的商业机会，提高可持续发展能力。

三、联盟未来的目标

联盟致力于设定共同目标，降低全球成衣制造和鞋类制造及销售对生态环境及社会产生的不良影响；

在鞋类、服装和家用纺织品供应链中推动合作、创新和可持续发展行动；

促进西格指数评估提供前所未有的商业价值和可持续性的影响；

使西格指数在全球被接受并采用，成为可信的行业标准测量工具，并改善供应链的可持续性；

实现服装、鞋类、家用纺织品产品生命周期透明度。使设计、生产和销售中每一环节的公司和个人承担对其相应的环境和社会的影响；

影响消费者使用西格指数来评估产品并作出选择；

发展其他行业将可持续服装联盟作为其转向可持续发展的模式。

第三节 良好棉花发展协会

良好棉花发展协会(Better Cotton Initiative，BCI)，是瑞士的一个非营利性组织。良好棉花发展协会是一个多方利益相关者团体的合作组织，旨在定义一个更好的、可持续的方式去种植棉花。良好棉花发展协会与广泛的利益相关者展开合作，根据良好棉花发展协会制定的良好生产原则，在全球范围内推广良好棉花种植项目，并促进良好棉花在整个供应链中的流通。良好棉花发展协会最终目标是通过发展良好棉花项目，在全球范围内转变棉花的生产方式，使良好棉花成为一种主流的大宗商品。良好棉花发展协会的存在，旨在使棉花生产更有利于棉农、更有利于环境、更有利于棉花产业的发展。从田间到零售店，良好棉花发展协会将来自棉花产业中的各行各业联系起来，以促进环境、农耕区以及产棉区经济可衡量且持续不断的改进。良好棉花发展协会旨在通过将良好棉花开发为一种可持续的主流商品来转变全球的棉花生产方式。目前，国际顶级品牌如阿迪达斯、H&M、宜家家居、Levi Strauss & CO.、M&S 以及耐克已将良好棉花用于其产品。

一、主要战略方法

"良好棉花"旨在减少全球性环境、社会和经济的重大负面影响,为棉农、雇工、棉农群体及环境带来长远利益。包括:通过最大限度地降低农作物保护措施所产生的有害影响、有效使用水资源、关心土壤健康、保护生存环境、关心和保护纤维品质、推动棉农的体面劳动及棉业供应链各环节的有效参与,使棉农能够种植和出售"良好棉花",满足市场对"良好棉花"的需求;通过建立有效的棉花生产组织、改善融资渠道、提供培训等更好的农场管理方法来发展"良好棉花",应能提高生产力,改善棉农和农场工人的经济状况。

良好棉花发展协会采取了以下战略方法以培育和发展"良好棉花"的市场。

(一)全球与主流

确保良好棉花发展协会在全球范围内拥有最大的影响力,重点在于使尽可能多的棉农种植"良好棉花"。

(二)包容和参与

为了获得广泛认可和参与,良好棉花发展协会积极与棉业供应链存在相关利益且支持良好棉花发展协会使命的组织开展合作,取长补短,在全球范围内共同致力于推动"良好棉花"的发展。民间组织、生产者、行业和政府部门可自愿参与到协助建立和规范生产"良好棉花"实践中去。良好棉花发展协会尊重方法多样性和差异性。

(三)培养棉农的能力

为了确保棉农能获得种植良好棉花所需的支持,良好棉花发展协会致力于培养棉农和农场工人的能力。此外,良好棉花发展协会也致力于通过提高生产力和纤维品质来增加农场的赢利能力。

(四)长期发展

这一战略的长期发展必须激发棉业各重大利益相关群体作出更多改变。因此,良好棉花发展协会所采用方法是以鼓励棉业供应链作出持续改进为基础。

（五）展现真正的改变

良好棉花发展协会致力于衡量和推广"良好棉花"种植对人类和环境的影响，因此所有利益群体均可借鉴这一成果。

（六）良好的治理

良好棉花发展协会致力于推动自然、人力和财务资源管理的良好实践，提高管理的透明度。

二、良好棉花发展协会的影响及作用

良好棉花发展协会的影响及作用在于良好棉花项目专注于改善棉农的生产方式。包括化肥农药的合理使用、从业者的权益保护、从业者的健康保护与安全防范以及生产环境生物多样性的保护。使全球棉花的种植及生产更有利于棉农，更有利于种植环境，更有利于该产业的未来发展。降低棉花生产对环境的影响、改善棉花生产区域的民生和经济发展、提高"良好棉花"供应链的流动、确保良好棉花的可信度和可持续性。

三、良好棉花发展协会在中国

2014 年,8 个良好棉花发展协会执行合作伙伴与 7028 名棉农合作组成 116 个学习小组以及 10 个生产者单位和 9 个大农场,其中有6458 名棉农获得了良好棉花许可证。目前,中国是全球最大的产棉国,纺纱能力在亚洲首屈一指。中国种植的大多数棉花均在国内使用。

通过 2013 年良好棉花发展协会对 53 名良好棉花发展协会棉农与 95 名对照棉农的独立案例调查报告,我们可以看到使用良好棉花标准的棉农与不使用此标准的棉农的结果性指标。良好棉花发展协会棉农的产量增加了 14%,农药活性成分使用降低 67%,肥料使用增加 1%,用水减少 23%,整体赢利增加 30%。

四、未来的目标以及坚守的责任

（一）长期目标

展示生产"良好棉花"给棉农带来的固有利益，特别是经济上的赢利能力；减少用水和农药对人类和环境健康的影响；改善土壤健康和生物多样性；为棉农群体和农场工人争取体面劳动；促进更多关于棉花可持续性生产的全球知识交流；提高棉业供应链的可追溯性。

（二）坚守原则

1.生产原则

将对作物保护措施所带来的有害影响降至最低；高效用水与保护水资源；重视土壤健康；保护自然栖息地；关心和保护纤维品质；提倡体面劳动。

2.会员原则

会员需承诺遵循良好棉花发展协会的使命、特定目标和战略原则；会员应在其机构内部及外部合作伙伴中推广宣传这一承诺；在与良好棉花发展协会往来当中会员应遵循负责任和透明的原则；会员单位应该遵守良好棉花发展协会交流规则，不得误导或无事实根据地申明良好棉花的产量、采购或使用、与良好棉花有关的影响等。外部的交流必须要建立在事实基础之上，并保持一致性。

第四节 水资源可持续发展行业组织

一、水资源可持续发展行业组织简介

水资源可持续发展行业组织（Sustainable Water Industry Group，SWIG）构思于 2008 年，是由具有共识的人士，运用"系统思考"可持续水资源管理理念，齐心协力研究出的更好的、更可持续的结果。其参与者包括制造商、程序员、专业人士、咨询师、设计师、学者和其他各行各业的人。

水资源可持续发展行业组织以水资源被可持续利用为宗旨，以尽可能实现可持续水资源管理为任务，以跨学科的、基于"系统思考"的、可持续发展的最佳实践和政策为方法，持续推动水资源的可持续利用。

二、主要成果及影响

水资源可持续发展行业组织构建了可持续性项目说明书。即使其中的一些项目失败，总体仍可实现收益。目前为止，水资源可持续发展行业组织已开发出成熟的指导方针，并将实用方法进行传播，倡导负责任地使用自来水资源。

三、设立 SWIG 奖

水资源可持续发展行业组织设立了 SWIG 奖来奖励那些与 SWIG 奖内容相结合的、富有想象力的、可以促进可持续用水的项目。其设立目的：一是为了奖励并促进形成良好的工作方案；二是提高节水意识；三是激发未来的节水项目和实现根本性的改革。

只有达到评判标准的项目才有可能获得 SWIG 奖，其评判标准包括：其设计及功能；以某种方式或其某些方面能够被复制；富有想象力和创造性；充分利用水资源；能够证明"系统思考"的思想；其硬性价值和软性价值能够衡量，其中硬性价值包括降低运营成本，用水、污水、解决方案等，软性价值包括提高生产力和健康、减少病假等等；无论商业、公共还是小微型项目都可应用。

2011 年首届 SWIG 奖在伦敦举办，有 40 多个不同组织的代表参加，最终 8 组获奖。2013 年水资源可持续发展行业组织颁布了两项终身成就奖，分别给了米德尔塞克斯大学的洪水灾害研究中心的水资源经济学教授柯林（Colin）和 Ch2o 有限公司的哈塞尔（Cath Hassell）。

第五节 有害化学物质零排放团体

一、有害化学物质零排放团体

有害化学物质零排放团体(Zero Discharge of Hazardous Chemicals, ZDHC)目前包括18个全球著名服装品牌公司。目前,有害化学物质零排放团体为有害化学品优先减排建立了框架,为优先减排化学品逐渐消除制定生产限用物质清单(MRSL),创建了一份物质研究清单,并完成了数项相关基准研究,同时在中国、孟加拉、印度等20多家工厂进行测试,分析了约150多种物质。从2015年开始,在其成员供应链中推行应用生产限用物质清单(Manufacturing Restricted Substances List, MRSL)。

根据有害化学品零排放团体规定,ZDHC的相关品牌成员都将执行针对服装鞋类产品的限制物质清单。该清单由多个服装知名品牌联合欧洲三个环境组织联合发布,这些品牌包括:阿迪达斯、Burberry、C&A、SRRIT、Gap Inc.、G-STAR RAW、HM、INDEX、JACK Wolfskin、Lbrands、LEVI STARAUSS&CO、李宁、M&S、新百伦、耐克、彪马、PVH、UNITED COLORS OF BENETTONL,如图7-2。

图7-2 有害化学物质零排放团体签约品牌

二、有害化学物质零排放团体主要现状

按照有害化学物质零排放团体计划,相关品牌产品的生产过程都需要管控工厂限制物质列表(Manufacturing Restricted Substances List,MRSL)中的有害物质。相关品牌商希望控制其整条产业链上的有害物质存在情况,即使有些物质不会存在于最终产品中,也不允许其在生产过程中使用。就此,品牌商要求其供应商确定其下游化学品供应商以及材料供应商的产品中不含有超标的限制化学品。

有害化学物质零排放团体的限制物质列表管控不包括服装鞋类产品的天然皮革以及天然皮革的加工过程以及金属部件。

针对工厂限制物质列表中所列的物质,都要求相关生产商不得故意添加,另外还规定了相关化学物质在化学配方中的限量。针对不同的化学物质,该文件还给出了物质相关的用途,以便供应商排查。

该列表共包含 16 大类,其中包括壬基酚类物质、氯苯以及氯甲苯类物质、氯酚类物质、分散染料以及致命致癌染料、13 款阻燃剂、卤化溶剂、有机锡、多环芳烃、全氟化物、邻苯等。

2011 年,由服装及鞋类行业主要品牌和零售商组成的团体作出共同承诺:引领全行业在 2020 年实现有害化学物质的零排放。2011 年 11 月,品牌团体进一步公布了联合路线图,这份文件展示了品牌团体的通力协作,引领服装和鞋类行业到 2020 年时,在所有产品的供应链中的所有排放途径达到有害化学物质零排放。联合路线图为全球服装及鞋类行业设立了全新的环境绩效标准。有害化学物质零排放团体本着透明公开的原则,将定期发布报告,依照联合路线图制定的时间表检验进度(2012 年公开季度报告,2013 年至 2020 年公开年度报告)。有害化学物质零排放团体其他相关活动信息及动态均会在其官方网站进行发布。

目前有 19 家企业成为有害化学物质零排放团体的签约品牌,7个品牌成为有害化学物质零排放团体的准会员。加入有害化学物质

零排放团体,加盟品牌将能够:引领业内活动;为化学品综合管理出谋划策,全面推动行业环保;立即与品牌团体分享知识,方法以及正在开发的流程;为自身供应链培训和管理创造条件;在品牌的关系网络中交流和获得与有害化学物质零排放团体相关的进展;加入利益相关方公共交流与活动平台;与大批业内专家、机构建立人脉网络。

图7-3　有害化学物质零排放团体准会员

目前,有害化学物质零排放团体以2011年的初始联合路线图为基础,加入新计划,发布了第二版联合路线图。新的路线图包含了更广泛的相关利益者的意见,包括亚洲、欧洲和美国的纺织业供应商和协会与政府机构以及非政府组织、国际发展组织和化学品产业。

2013年8月25日,有害化学物质零排放团体有害化学物质零排放缔约品牌组织访问中国纺织工业联合会,中国纺织工业联合会副会长、社会责任办公室主任孙瑞哲会见了以阿迪达斯社会与环境副总裁安德森(William Anderson)为首的代表团一行5人。这是有害化学物质零排放团体组织第一次就中国纺织供应链的环保问题正式访问中国纺织工业联合会。双方均认同纺织供应链中的有害化学物质管控问题是一个需要多利益相关方参与和持续改进的过程,加强中国纺织行业和品牌商之间的合作将有效地推动这一议题目标的实现。[①]

---

① 中国纺织工业联合会官网 http://www.csc9000.org.cn/cn/NewsDetail.asp? AID=41133。

第六节　中国企业社会责任评价准则

一、中国企业社会责任评价准则

企业社会责任理念已成为当前世界范围内的共识和潮流,特别是在欧美国家成立的一些组织,在全球范围发起各种认证来约束企业行为。中国企业社会责任评价准则(China Corporate Social Responsibility Evaluation Standard)由中国企业评价协会、清华大学社会科学学院发起提出。旨在为企业在存续期内的社会责任行为进行评价提供参考和依据,规定了在对企业履行社会责任进行评价时应遵照的原则、准则及方法。评价准则适用于在中国境内注册、依法开展生产经营活动的企业,包括在华外资企业和中国本土企业。

企业社会责任(Corporate Social Responsibility,CSR)是指企业在创造利润、对股东承担法律责任的同时,还要承担对员工、消费者、社区和环境的责任。企业的社会责任要求企业必须超越把利润作为唯一目标的传统理念,强调要在生产过程中对人的价值的关注,强调对环境、消费者、对社会的贡献。1976 年经济合作与发展组织(OECD)制定了《跨国公司行为准则》,这是迄今为止唯一由政府签署并承诺执行的多边、综合性跨国公司行为准则。这些准则虽然对任何国家或公司没有约束力,但要求更加保护利害相关人士和股东的权利,提高透明度,并加强问责制。2002 年,联合国正式推出《联合国全球协约》(UN Global Compact),以该协约为框架,改善工人工作环境、提高环保水平。《联合国全球协约》行动计划已经有包括中国在内的 30 多个国家的代表、200 多家著名大公司参与。

二、企业社会责任评价内容

中国企业社会责任评价准则从十个方面对企业社会责任进行评价,其中能源环境方面从环境保护、节能减排、可持续发展三个方面详细规定了中国企业的社会责任。"评价内容"包括"道德价值、质量安全、股东权益、员工权益、消费者权益、诚信经营、能源环境、和谐社区、科技创新、责任管理"10 个一级指标,"遵守国家道德行为规范,坚持透明和有道德的行为"等 65 个二级评价指标,满分 1000 分。

表 7-4　中国企业社会责任评价准则评价内容

	评 价 内 容
法律道德	企业在生产经营活动中认真遵守法律、法规,无违法乱纪现象; 公司的核心经营战略充分考虑应尽的社会责任; 反对腐败,倡导并践行健康的商业价值伦理,公司的发展规划和行动始终与社会的主流方向一致; 企业将社会责任绩效纳入核心经营战略规划; 税收贡献
质量安全	高度重视产品质量和生产安全管理,建立相应制度,始终坚持提供合格产品; 有系统的严格的质量控制方法和流程,安全生产始终如一; 通过了相关的产品质量认证; 有应对突发事故或危机处理的完善程序与责任人; 企业没有出现过严重的产品质量事件和安全事故
科技创新	积极开展产品创新、管理创新,注重对研发的投入; 新技术新产品为消费者或社会喜爱,引导美好生活,推动社会进步; 企业将先进研发成果积极转化为生产力,带动行业健康发展并有利于其他企业研发水平的提升; 专利申请及拥有情况
诚实守信	具有完善的信息沟通和披露机制,及时向利益相关方披露公司运营相关的、对利益相关方的决策具有重要影响的信息,主动与利益相关方进行多种形式的沟通; 在运营活动中始终为利益相关方提供真实合法的产品和信息; 诚信经营、公平交易,在商业活动中坚决杜绝欺诈行为; 尊重和保护知识产权; 以身作则,为社会诚信经营环境的提升而不断努力; 在供应链中倡导健康的商业道德价值,为供应链的上、下游企业提供公平交易机会

	评 价 内 容
消费者 权益	始终坚持为消费者提供优质、合格的产品； 公平营销、真正公正的信息和公平的合同行为； 建立完善的售后服务体系，及时解决消费者的投诉和要求； 具有和实际执行对质量缺陷的产品召回并给予消费者补偿的规定； 重视对消费者的健康保护、安全保护、信息及隐私保护
股东权益	正当健康经营，确保股东的合理回报； 注重对小股东权益的保护与救济； 科学的治理结构，决策最大程度体现股东意志； 加强投资者关系管理，与投资者建立良好关系
员工权益	尊重劳工权益，尊重人权； 严格遵守国家劳动法律和制度，员工社会保障、保险齐全； 企业制定健全的反对歧视制度，生育期间享有福利保障，薪酬公平，休假制度健全
员工权益	企业积极开展员工培训，注重培养本土的技术人才、管理人才； 组建工会并积极开展工会活动； 企业注重保护员工的职业健康和安全； 注重维护和谐劳动关系，没有各种形式的强迫劳动、童工劳动； 积极创造就业机会
能源环境	环境保护： a)企业制定有环境保护的具体措施，并切实履行环境保护职责； b)坚持环保预防性原则，在全球各地都秉持一样的环保标准； c)企业积极培养和倡导员工的环境保护意识； d)减缓并适应气候变化，致力于生产环保型产品或服务； e)企业主动发起或积极参与环境保护项目； f)引导并创造可持续性消费 节能减排： a)企业注重节能降耗减排，积极发展循环经济； b)企业注重使用清洁能源，并积极向社区里的更多人群做宣传传播工作； c)企业重视对节能减排措施的投入和研究创新，并注重积极推广各项新技术新方法到实际生产工作中； d)节能减排有较显著的成效 可持续发展： a)企业制订了科学的可持续发展战略，已经形成了较强的可持续发展意识； b)企业在战略的可持续、生产的可持续、盈利的可持续、研发的可持续及环保的可持续等方面的表现； c)企业注重对环境和资源的利用上强调并实施可持续发展的战略

续表

评 价 内 容	
和谐社区	社区关系 a）同政府机构、行业协会保持良好关系； b）公平竞争，支持营造良性生态； c）发挥辐射作用，能带动所在社区的更多成员积极履行社会责任 公益慈善 a）力所能及开展慈善捐赠，并有科学安排，具有持续性； b）积极传播慈善理念和公益文化，影响他人向善； c）通过教育提升、文化传播、技术开发与获取等方式对所在社区生活改善所作出的贡献情况
责任管理	具有社会责任感的企业文化情况； 有社会责任管理机构和相关人员； 实施有社会责任项目； 企业建立了针对突发事件的积极有效的应对和改进机制； 维护良好的公众形象，无社会责任缺失事件； 企业获得社会责任的相关奖项或领先排名情况

资料来源：引用自《中国企业社会责任评价准则》，笔者整理。

根据评价准则的规定和被评价企业在履行社会责任的过程和结果的实际情况，按各项指标的分值进行评分。总分 1000 分，评价内容的 10 项具体分配及其占总分数的比重见图 7-4。从图 7-4 中可以看出，能源环境仅次于法律道德，在评价内容中占据第二重要的位置。

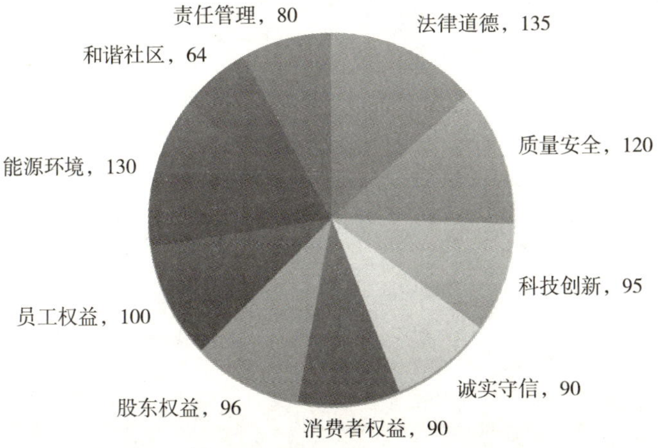

责任管理，80
和谐社区，64
法律道德，135
质量安全，120
能源环境，130
科技创新，95
员工权益，100
诚实守信，90
股东权益，96
消费者权益，90

图 7-4　评价内容各项分数占总分数比重

资料来源：引用自《中国企业社会责任评价准则》，笔者整理。

根据评分,评价准则对企业社会责任的评级按由劣到优分为:C,B、BB、BBB,A、AA、AAA 三类七个基本级(见表7-5)。

表7-5 企业社会责任评级表

标志	得分范围	评　　　语
C	350分及以下	社会责任严重缺失企业
B	351—550分	社会责任缺失企业
BB	551—650分	社会责任轻度缺失企业
BBB	651—750分	社会责任合格企业
A	751—850分	社会责任良好企业
AA	851—950分	社会责任优秀企业
AAA	951—1000分	社会责任典范企业

资料来源:引用自《中国企业社会责任评价准则》,笔者整理。

参 考 文 献

［1］卞相珊：《从国际气候谈判看中国低碳经济转型》，《政法论丛》2011年第3期。

［2］曹淑艳等：《中国产业部门碳足迹流追踪分析》，《资源科学》2012年第11期。

［3］陈丽华：《服装材料生产过程中的碳排放分析》，《棉纺织技术》2014年第42卷第8期。

［4］陈美球、蔡海生主编：《低碳经济学》，清华大学出版社2015年版。

［5］陈文颖、代光辉：《广西重点行业二氧化碳减排潜力分析》，《环境科学与技术》2007年第6期。

［6］国涓、刘长信、孙平：《中国工业部门的碳排放：影响因素及减排潜力》，《资源科学》2011年第9期。

［7］《2013帝人集团企业社会责任报告》，http://www.teijin.com/2013。

［8］金涌、魏飞：《循环经济与生态工业工程》，《西安交通大学学报（社会科版）》2003年第4期。

［9］蒋婷：《碳足迹评价标准概述》，《信息技术与标准化》2010年第11期。

［10］可持续服装联盟官网 http://apparelcoalition.org/the-coalition/。

［11］雷明、虞晓雯：《地方财政支出、环境规制与我国低碳经济转型》，《经济科学》2013年第5期。

［12］刘明磊、朱磊、范英：《我国省级碳排放绩效评价及边际减排成本估计：基于非参数距离函数方法》，《中国软科学》2011年第3期。

［13］良好棉花发展协会，《良好棉花发展协会2013年度收获报告》，2014年，良好棉花发展协会官网 http://bettercotton.org/。

［14］卢安、马月华：《我国纺织服装行业碳排放量与产业GDP的脱钩关系研究》，《毛纺科技》2016年第4期。

［15］马月华、卢安：《纺织服装业碳排放量的估算及影响因素分析》，《毛纺科技》2015年第8期。

［16］水资源可持续发展行业组织官网 http://www.sustainablewater.org.uk/。

［17］商界社会责任倡议官网 http://www.bsci-intl.org/。

[18]王锋、吴丽华、杨超:《中国经济发展中碳排放增长的驱动因素研究》,《经济研究》2010年第2期。

[19]王坤:《我国碳排放与经济增长的相关性分析》,《管理观察》2009年第9期。

[20]王来力、杜冲:《我国纺织服装业的碳排放分析》,《纺织导报》2011年第10期。

[21]王来力、丁雪梅等:《中国纺织服装业能源消费碳排放因素分析》,《环境科学与技术》2013年第5期。

[22]王青、顾晓薇:《中国经济的直接物质投入与物质减量分析》,《资源科学》2005年第27期。

[23]王群伟、周德群、葛世龙:《环境规制下的投入产出效率及规制成本研究》,《管理科学》2009年第6期。

[24]吴晓青:《关于中国发展低碳经济的若干建议》,《环境保护》2008年第5期。

[25]辛章平、张银太:《低碳经济与低碳城市》,《城市发展研究》2008年第4期。

[26]邢继俊、赵刚:《中国大力发展低碳经济》,《中国科技论坛》2007年第10期。

[27]徐国泉、刘泽渊、姜照华:《中国碳排放的因素分解模型及实证分析:1995—2004》,《中国人口资源与环境》2006年第6期。

[28]徐国泉、陈大艳:《苏州市2000~2008年碳排放的因素分解分析》,《科学·技术·发展》2006年第6期。

[29]《溢达集团2014年可持续发展报告》http://www.esquel.com/cn//2014。

[30]有害化学物质零排放团体官网 http://www.roadmaptozero.com/。

[31]于随然:《产品全生命周期设计与评价》,科学出版社,2012年版。

[32]赵宪伟、王路光等:《河北省COD排放环境学习曲线及减排潜力分析》,《中国农村水利水电》2009年第3期。

[33]张德英:《我国工业部门碳源排碳量估算方法研究》,北京林业大学2005年硕士学位论文。

[34]周五七、聂鸣:《碳排放与碳减排的经济学研究文献综述》,《经济评论》2012年第5期。

[35]中华人民共和国工业和信息化部.2010年工业行业淘汰落后产能企业名单公告。

[36]庄贵阳:《中国:以低碳经济应对气候变化挑战》,《环境经济》2007年第1期。

[37] 2014 ANNUAL REPORT. http://www.levistrauss.com/investors/annual-reports/。

[38]2015 Levi Strauss & CO. Key Facts./http://www.levi.com.

[39] Andrew Ford etc, "The Driving Forces of Change in Energy-Related CO_2 Emissions in Ireland: A Multi-sectoral Decomposition from 1990 to 2007", *Energy Policy*,

44,2012,pp.256-267.

［40］Blanford G J, Richels R Q, Rutherford T F, "Revised Emissions Growth Projections for China: Why Post-kyoto Climate Policy must Look East", Discussion Paper 6,2008,pp34-39.

［41］Cai Wenjia, "Analyzing Impact Factors of CO_2 Emissions Using the LEAP Model", *Energy Policy*,26,2010,pp.132-143.

［42］CHRISG, "How to Live a Low-carbon Live: the Individual Guide to Stopping Climate Change", *London Sterling*,2007.

［43］Cole M A, Neunayer E, "Examining the Impacts of Demographic Factors on Air Pollution ", *Populate Dev Rev*,6,2004,pp.41-46.

［44］Costanza R, "What is Ecological Economics", *Ecological Economics*,1,1989,pp. 1-7.

［45］Den Elzen M, "Decompositionof Industrial CO_2 Emissioms: The Case of European Union", *Energy Economics*,22,2000,pp.383-394.

［46］Gallego, B. and Lenzen, M, "A Consisten Input-output Formulation of Shared Consumer and Producer Responsibility", *Economic Systems Research*,6,2005,pp.72-78.

［47］http://news.xinhuanet.com/fashion/2015-07/14/c_128015543.htm.

［48］IPCC, "2006 IPCC Guidelines for National Greenhouse Gas Inventories", IGES,2006.

［49］Kawase, Matsuoka, Fujino., "Decomposition Analysis of CO_2 Emission in Long-term Climate Stabilization Scenarios", *Energy Policy*,34,2006,pp69-74.

［50］Levi Strauss & CO. Factory List./http://www. levi. com/GB/en _ GB/ madeofprogress.

［51］LS&CO.2015 Carbon Disclosure Project—Climate Change Information Request, http://www.levistrauss.com/sustainability/planet/#climate-change.

［52］LS&CO. Climate Change Strategy, http://www. levistrauss. com/sustainability/ planet/#climate-change.

［53］Manne A S,Mendelsohn R,Richels R, "MERGE:A Model for Evaluating Regional and Global Effects of GHG Reduction Policies", *Energy Policy*,23(01),1995,pp17-34.

［54］Pachauri S,Spreng D, "Direct and Indirect Energy Requirements of Household in India", *Energy Policy*,30,2002,pp62-68.

［55］Schipper L,M, Urtishaw S,Khrushch M., "Carbon Emissions from Manufacturing Energy use in 13 TEA countries: Long-term Trends through 1995 ", *Energy Policy*,29, 2001,pp.667-688.

［56］Sheehan P, Sun F, "Energy Use and CO_2 Emissions in China: Retrospect and

Prospect", *CSES Climate Change Working Paper*, 4, 2006, p.17.

[57] Tadevosyan A V, Hambardzumyan A M, Hayrapetyan A S, et al, "Assessment of Industrial Economic Object Impact on Environment", *Energy Policy*(06), 2007, pp.72-80.

[58] Tapio P, "Towards a Theory of Decoupling: Degrees of Decoupling in the EU and the Case of Road Traffic in Finland between 1970 and 2001", *Journal of Transport Policy*, 12 (2), 2005, pp.137-151.

[59] Wackernagel M, Rees W, "Our Ecological Footprint: Reducing Human Impact on the Earth", *New Society Pub*, 1996.

[60] Weidema B P, Thrane M, Christensen P, et al, "Carbon Footprint: A Catalyst for Life Cycle Assessment?", *Journal of Industrial Ecology*, 12(1), 2008, pp. 3-6.